全球溯源中心
——数字经济时代的南沙方案

中共广州南沙经济技术开发区工作委员会
政策研究和创新办公室 组织编写

谢伟 主编
刘家君 徐于棋 副主编

中国财富出版社有限公司

图书在版编目（CIP）数据

全球溯源中心：数字经济时代的南沙方案/中共广州南沙经济技术开发区工作委员会政策研究和创新办公室组织编写；谢伟主编；刘家君，徐于棋副主编. —北京：中国财富出版社有限公司，2022.12

ISBN 978-7-5047-7825-3

Ⅰ.①全… Ⅱ.①中… ②谢… ③刘… ④徐… Ⅲ.①信息经济—基础设施建设—研究—中国 Ⅳ.①F492.3

中国版本图书馆CIP数据核字（2022）第255992号

策划编辑	王　靖	责任编辑	王　靖	版权编辑	李　洋
责任印制	尚立业	责任校对	杨小静	责任发行	敬　东

出版发行	中国财富出版社有限公司		
社　　址	北京市丰台区南四环西路188号5区20楼	邮政编码	100070
电　　话	010-52227588 转 2098（发行部）	010-52227588 转 321（总编室）	
	010-52227566（24小时读者服务）	010-52227588 转 305（质检部）	
网　　址	http://www.cfpress.com.cn	排　版	宝蕾元
经　　销	新华书店	印　刷	宝蕾元仁浩（天津）印刷有限公司
书　　号	ISBN 978-7-5047-7825-3 / F·3566		
开　　本	710mm×1000mm 1/16	版　次	2023 年9月第1版
印　　张	12	印　次	2023 年9月第1次印刷
字　　数	184千字	定　价	60.00 元

版权所有·侵权必究·印装差错·负责调换

专家点评

数字经济发展的数字之河已经摆在企业家面前，全球溯源中心这个数字经济公共基础设施，为企业搭建了过"河"的桥梁，引导企业在数字经济中建立权责，实现商品数字价值化。应鼓励企业充分运用数字经济公共基础设施，在数字产业化和产业数字化中迎接机遇，享受数字化红利。

——国家开发银行原行务委员，丝路产业与金融国际联盟执行理事长　郭濂

"质量"是擦亮美好生活底色的关键词，质量没有意识形态属性，质量是全球消费者一致的追求。广东南沙全球溯源实践以商品质量为核心，助力实现全球贸易商品价值的真实传递，以数据公证替代人为干预，以信息透明替代信息闭锁，相比于传统手段更实用，更容易被国际社会接纳。

——国家市场监督管理总局信息中心原副主任　庞翔

全球溯源中心是南沙主动探索、先行先试打造的数字经济"新基建"，为数字治理创新和数字经济创新发展提供了重要的基础支撑。国家在南沙试点的基础上进行顶层设计，并争取多部委协同联动，统筹部署，加大政策支持力度。

——中山大学粤港澳发展研究院副院长　符正平

在现阶段推动全球溯源在更大范围、更深程度、更高水平应用是需求所致，也是风口所在。

——中国交通信息科技集团有限公司党委书记、董事长　袁航

全球各主要国家法律体系中现有的与数据保护相关的规定，往往聚焦于个人信息的保护以及政府数据的公开。然而，全球溯源中心所处理的数据与个人信息和公共数据有本质的不同，属于非个人的商品数据，其聚焦的不是个人的人格利益，而是数据本身的使用价值。全球溯源中心通过双边和多边协议形式，制定被溯源各方认可的数据规则和行为规则，并创设数据权益，鼓励数据的共享和流通。

——上海市通力律师事务所合伙人　杨迅

全球溯源中心立足数字经济公共基础设施的定位，以构建国际规则新优势为目标，基于全球溯源体系建立基于商品价值的全新数据规则，汇聚数字经济时代全行业、全品类商品数据，服务社会参与各方，实现了高效的数据流动和数字治理新模式，也实现了"从数据到价值"的突破。

——广东省防伪行业协会秘书长　黄娟

企业自己研发的溯源二维码虽然有利于买家了解信息，但是公信力有限。而全球溯源体系作为数字经济公共基础设施更有公信力，相当于"信用背书"，能够让我们有效获得买家信任，帮助中国汽车在海外树立品牌形象，让二手车的国际循环快速运转起来。

——广东广物优车科技有限公司董事长　甘洪霖

未来全球溯源体系将有无限可能。

——粤港澳国际供应链（广州）有限公司总裁　于崇刚

中国是全世界最大的商品生产国，全球溯源中心站在世界的角度建立标准，以国家力量推动数据的使用，引导其他国家将来卖到中国的产品也遵循这个标准，全球形成一盘棋，合力构建数字经济发展新格局。

——广东芬尼科技股份有限公司董事长　宗毅

把握南沙区位商机，发挥大湾区优势，打通全球溯源中心的国际标准，为全球的贸易、物流提供更多合作机会。

——香港物流商会主席　钟鸿兴

南沙打造全球溯源中心，定位为数字经济公共基础设施，是勇立潮头、主动迎接时代发展的创新举措。全球溯源中心抓住数字经济的机遇，解决数据权益问题，打破数据孤岛，实现各地域、各行业数据的互联互通，用数据赋能产业，数字经济与实体经济实现高质量融合发展。

——广州市南沙区经济合作促进会会长　牛秀纯

"标准"是经济活动和社会发展的技术支撑，是国家基础性制度的重要方面。南沙坚持以"标准"思维指导全球溯源中心标准化规范化建设，编制并发布《全球溯源体系　共建方通则》《全球溯源体系　全球溯源中心建设指南》等一批全球溯源体系标准，以统一的技术要求、服务要求和管理要求推动全球溯源中心在各地得到快速复制推广与应用。同时，中共广州南沙经济技术开发区工作委员会政策研究和创新办公室承担了国家社会管理和公共服务综合标准化试点项目"全球溯源服务标准化试点"的建设工作。全球溯源中心及其标准化建设是南沙打造规则衔接机制对接高地的重要举措。

——广东省标准化研究院正高级工程师　胡葳

艾利丹尼森坚定助力全球溯源中心对全球商品价值的全供应链的价值传递，用更真实、更透明的方式打通信息壁垒，连接各相关领域，结合国际通用标准，引领全球化溯源，高效建立数字资产，为企业服务，创造崭新的生产力。

——艾利丹尼森思创（上海）物联技术有限公司总经理　Dennis Khoo

全球溯源中心作为公共基础设施，实现了数字经济与实体经济的深度结合，基于中国的技术及场景创新，打造国际标准。数字经济的数据流通、应用、加工需要具有公信力的平台支撑，我们期待与更多上下游伙伴基于全球溯源中心共同释放全量数据价值。

——巨杉数据库董事长　唐迅

南沙全球溯源中心的创办和运行，抓住了国际商贸及数字信息急需顺畅沟通、大力发展的客观机遇，着眼于为国际国内各类主体提供便捷、高效的沟通平台，解决经济发展和保民生中的难点、堵点和痛点，将国家新时代高质量改革开放方针在本地落实走稳，并发挥辐射和可复制作用，这是南沙经济新发展的一个重要转折。在以往信息透明、数字治理的基础上，溯源中心更加聚焦数字经济创新和数据保护，通过双边、多边协议的形式，创设数据权利和规则，也就更需要公正、高效的法律和规则环境。可以预见，南沙全球溯源中心将发挥其不可替代的作用。

——中国人民大学法学博士，曾任最高人民法院审判委员会委员、知识产权审判庭（民三庭）庭长　蒋志培

全球溯源中心是南沙主动作为、率先探索国家治理体系和治理能力现代化在数字经济中应用的新路径，是率先落实的"南沙方案"，为中国自由贸易区体制机制创新和广东高质量发展提供可复制、可推广经验。

——广东省公证协会会长　雷杰峰

全球溯源中心的业务探索及其标准化建设在数据产权保护、数据要素流动和交易、数据要素收益分配、数据要素治理等方面都有重要意义，对我国数据基础制度的发展与完善有重要价值。

——华东政法大学数字法治研究院副院长、副教授　韩旭至

全球溯源中心作为数字新基建，具有一业带百业、一个平台带万家的能力。全球溯源中心的架构是跨层级的，跨地域、跨系统、跨产业、跨组织的数据互联互通，实现跨层级的数据共生治理，从数据治理角度促进数据要素的有序流动，有助于数据要素市场的培育。建议在落地应用时应依托实体经

济，提供标准的数字化服务，着重实现应用的场景化、能力的服务化、数据的融合化、资源的共享化，以此赋能产业的数字化应用，助推产业创新和跨行业的融合，从而推动数字经济高质量发展。

——华芯金通半导体智库院长，国家级企业现代化管理创新成果获得者　吴全

序言　全球溯源引领国际经贸治理发展新趋势

20世纪末以来，随着全球经济一体化发展，全球价值链、产业链、供应链发生了深刻变化，在生产工序进一步细分的同时，产业布局于全球范围内广泛展开，国际分工进一步深化，形成了国际投资与贸易新形态。新形态提升了全球生产效率，同时也带来了诸如产品信息混乱，洗钱、恐怖活动、避税行为识别难等一系列新问题。在此背景下，如何对国际投资与贸易全流程进行追溯，获取可靠信息，实现"来源可溯、去向可究"，从而做到及时精准地发布预警并积极应对，更有效地防控风险和提高监管效率，构建商品数据的基础制度，就成为一个重要且迫切的研究课题。

进入21世纪，全球各国政府和大型跨国公司开始尝试通过大数据技术，将各类投资与贸易信息流汇聚于同一平台，形成动态数据库，以期做到国际投资与贸易信息的"来源可溯、去向可究"，从而形成了溯源概念，由此推动了全球溯源体系的发展并形成丰富的溯源理论。当前，我国正从国际投资大国和贸易大国向强国迈进。积极参与全球数字治理，主动融入全球数字治理，有利于更好地推动外循环高质量带动内循环发展。

2015年，南沙首创"全球溯源体系"。通过对理论和实践的不断升级迭代，依托全球溯源体系的全球溯源中心（以下简称"溯源中心"）已基本成型，建立区域运营管理中心，汇聚商品、企业、产业等信息，对全球数字经济发展产生了广泛而积极的影响。

相比其他"新基建"，数字经济公共基础设施的突出特点在于数字化过程中的理论和规则创新，是以新一代数字化技术为依托，以共建共享和开放应用为手段，构建全新的数字新生态。溯源中心以商品数据化为核心构建了新型数据生产关系，促进数字产业的发展和数字治理的创新，能够更好地承载商品贸易、数据流通、机制互认、社会治理等领域的体制机制创新，特别是在强化跨境交流与合作能级方面，提供了开源平台与广泛深层的互动机制。

目前，我国的溯源体系发展仍有不少问题亟待解决，主要集中在两个方面。一是实践走在了理论前面，法律法规的制定相对滞后。现阶段，溯源中心已形成数据采集、数据流通、数据权益分配、数据授权使用、数据治理等领域的政策、标准与制度，但距上升为具有法律效应的全球通则还有一定距离。下一步应该积极讨论与溯源相关的各类法律问题，完善相关法律法规，形成全球统一的标准体系。二是全球溯源体系的参与主体还不够丰富，各相关方应积极参与全球溯源体系的共建。全球溯源体系的完善有赖于产品各相关方自主自愿参与、主动担责。更多的参与主体可以带来大数据的集聚，通过溯源中心的校验机制，让数据无限趋近于真相，以提升溯源的应用功能。目前我国的溯源事业方兴未艾，溯源体系将在数字经济时代发挥更大价值。

中共广州南沙经济技术开发区工作委员会政策研究和创新办公室总结溯源中心发展经验，出版的《全球溯源中心——数字经济时代的南沙方案》一书，对我国发展溯源体系做出了较高水平的诠释，有助于我国数据基础制度的建设。本书遵循了提出问题、分析问题和解决问题的思路，以全球溯源中心建立的背景和意义为出发点，详细介绍了溯源中心的发展现状与溯源理论体系，着重从技术、平台、标准体系与法律制度四个维度分析溯源中心的运行模式，再将问题回归实践，并附上最新案例。更难得的是，该书还讨论了与溯源中心相关的前瞻性问题，开展了"数据权益分配、国际规则、离岸贸易、碳排放、DEPA（数字经济伙伴关系协定）"等一系列前沿专题研究。

本书的读者不仅能从整体上对全球溯源体系形成一个较为系统的认知，而且对数字治理基础制度的相关应用和前瞻性问题也会有一定深度的理解。《全球溯源中心——数字经济时代的南沙方案》一书既可以为决策者提供咨询参考，也可以成为从事溯源相关工作的人员手头常备的工具书，还可以作为数字经济领域相关研究者开展深入研究的基础书籍。由此可见，本书具有重要的理论价值和实践意义。

  是为序！

连平

2023年1月28日于上海

编者序

数字经济以数据作为关键要素，带来高速流通的信息、便利的生活方式及颠覆性的生产变革，发展数字经济是把握新一轮科技革命和产业机遇的战略性选择。数字经济规模的快速扩张，也带来了数字经济发展不均衡、平台垄断、数据安全风险等一系列的数字治理问题。2022年12月，国家印发了《中共中央 国务院关于构建数据基础制度更好发挥数据要素作用的意见》，提出要加快构建数据基础制度，充分发挥我国海量数据规模和丰富应用场景优势，激活数据要素潜能，做强做优做大数字经济，增强经济发展新动能，构筑国家竞争新优势。广东南沙作为"立足湾区、协同港澳、面向世界的重大战略平台"，锚定高质量发展，在全国首创并利用全自主知识产权打造了数字经济公共基础设施——全球溯源中心，以商品数据化为核心构建新型数据生产关系，促进数据要素资源流通、数据资产确权（权益确定）、数字产业生态发展、数字治理创新，支持数据要素有序、高效流通，为助力我国数字经济发展，增强数字治理领域的国际话语权提供了"南沙方案"。

本书从全球溯源中心的建设背景开篇，从发展历程、中心特性、建设内容、创新成果四个方面阐述了全球溯源中心的建设现状，逐步打开"数字经济的大门"，系统性解释了全球溯源体系如何支撑数字经济公共基础设施实现商品真实价值的传递。基于成熟的理论体系，全球溯源中心打造了包含公共技术、公共服务平台、标准体系、法律保护体系等一系列的集成性创新成果，并实现了应用创新和应用实践。我们还邀请了各界学者专家，以全球溯源中心为出发点，在其不同领域开展前瞻性的研究和讨论，为数字经济的创新发展出谋献策，打开全球溯源中心未来发展的新篇章。

全球溯源中心立足数字经济公共基础设施的定位，推动要素链、产业链、价值链、规则链深度耦合，促进数字经济和实体经济深度融合，为数字治理和国际规则创造新优势。本书愿以南沙全球溯源中心为起点，以星火之势链接全球，"预鉴"数字世界的未来！

编者

2023年4月于广州

目录

第一章　全球溯源中心的建设背景和意义 ········· 001
 第一节　全球溯源中心的建设背景 ············· 003
 第二节　全球溯源中心的建设意义 ············· 007

第二章　全球溯源中心的建设现状 ················ 009
 第一节　全球溯源中心的发展历程 ············· 011
 第二节　全球溯源中心的特性 ·················· 013
 第三节　全球溯源中心的建设内容 ············· 019
 第四节　全球溯源中心的创新成果 ············· 022

第三章　全球溯源中心的理论支撑 ················ 025
 第一节　全球溯源体系核心内涵 ················ 027
 第二节　全球溯源体系的基本原则 ············· 030
 第三节　全球溯源体系的运行机制 ············· 031
 第四节　全球溯源体系的参与类型 ············· 037

第四章　全球溯源中心的公共技术 ················ 041
 第一节　全球溯源中心的公共技术 ············· 043
 第二节　全球溯源中心的技术创新特点 ········ 046
 第三节　全球溯源中心的数据安全保障 ········ 049
 第四节　全球溯源中心的系统能力 ············· 050

第五章　全球溯源中心的公共服务平台 ··········· 053
 第一节　检验检测公共服务平台 ················ 055

第二节　知识产权保护公共服务平台 …………………… 057
第三节　消费者权益保护公共服务平台 …………………… 059
第四节　溯源产业公共服务平台 …………………………… 061

第六章　全球溯源中心的标准化建设 …………………… 065
第一节　全球溯源中心标准化建设价值 …………………… 067
第二节　全球溯源中心标准化建设规划 …………………… 069
第三节　全球溯源中心标准化建设成果 …………………… 071
第四节　全球溯源中心标准化建设展望 …………………… 081

第七章　全球溯源中心的法律保护体系 ………………… 083
第一节　数据处理的基础制度 ……………………………… 085
第二节　法律协议体系 ……………………………………… 095
第三节　法律保护体系建设的价值和意义 ………………… 104

第八章　全球溯源中心的应用 …………………………… 111
第一节　全球溯源中心的应用价值 ………………………… 113
第二节　全球溯源中心的应用创新 ………………………… 117
第三节　全球溯源中心的应用实践 ………………………… 123

第九章　全球溯源中心前瞻性研究 ……………………… 125
第一节　全球溯源中心与数据权益分配 …………………… 127
第二节　全球溯源中心与国际规则 ………………………… 136
第三节　溯源+新型离岸国际贸易"南沙模式"政策体系研究 …… 148
第四节　全球溯源中心助力碳足迹溯源体系建设研究 …… 160
第五节　关于对标DEPA，打造南沙"数字身份+溯源认证+金融科技"创新试点的建议 …………………… 168

第一章
全球溯源中心的建设背景和意义

第一节　全球溯源中心的建设背景

一、全球溯源中心建设的时代背景

数字经济是继农业经济、工业经济后新出现的主要经济形态，是以数据资源为关键要素，以现代信息网络为主要载体，以信息通信技术融合应用、全要素数字化转型为重要推动力，促进公平与效率更加统一的新经济形态。数字化转型正在驱动生产关系、交换规则、治理方式变革，深远影响世界经济、政治和科技格局。2021年10月，中共中央政治局就推动我国数字经济健康发展进行第三十四次集体学习。中共中央总书记习近平在主持学习时强调，近年来，互联网、大数据、云计算、人工智能、区块链等技术加速创新，日益融入经济社会发展各领域全过程，数字经济发展速度之快、辐射范围之广、影响程度之深前所未有，正在成为重组全球要素资源、重塑全球经济结构、改变全球竞争格局的关键力量。我国也是世界上数据体量最大、类型最丰富的国家之一，是名副其实的数字经济大国，庞大的数据要素价值亟待释放和挖掘，如何推动数据要素的共享、流通已成为全世界的共同命题。

新冠肺炎疫情也刺激了经济新业态、新模式涌现，数字经济成为稳定经济增长的引擎，其作用越来越凸显。数字世界给人类带来便利的同时，随着全球数据呈爆炸式增长，新的社会问题也亟待解决。数字运行的无规律性和不可预知性，给数据资产管理、数字经济治理带来极大挑战。不同行业、不同群体之间的数字经济发展水平不同，由此也引发了系列的"数字鸿沟"问题。真实世界中，数字流动的壁垒仍然存在，不但不利于全球数字贸易自由化及数字经济的发展，还将引发社会信任危机。未来，数字资源该如何走向协同发展、配置优化、平等普惠？

近年来，南沙深入学习贯彻习近平总书记重要讲话精神，按照《粤港澳大湾区发展规划纲要》部署，以制度创新为核心，全国首创具有自主知识产权的全球溯源中心，牵引带动产业数字化和数字产业化发展，打造新时代数字经济公共基础设施。全球溯源中心作为数字经济公共基础设施，可将物体在现实世界的信息"镜像"转化为数字经济下生产资料的数据，形成全球商品数据库，实现商品价值的真实传递，集聚全行业、全产业生态链。如前文所述，数字经济是新一轮国际竞争的重点领域，全球溯源中心的建设有利于抢占数字经济发展的制高点，抓住数字经济发展先机。

二、全球溯源中心建设的政策背景

全球溯源中心在建设过程中获得了国家、省、市各级政府的认可，契合国家数字经济相关战略要求。

一是国家、省、市各级领导高度重视。2018年5月，国务院印发的《进一步深化中国（广东）自由贸易试验区改革开放方案》中，提出"推进进出口产品质量溯源体系建设，拓展可追溯商品种类"。同年8月，广东省政府印发《深化中国（广东）自由贸易试验区制度创新实施意见》，进一步落实推进南沙建设全球溯源中心。

2019年2月，国务院印发的《粤港澳大湾区发展规划纲要》中，明确提出"支持广州南沙建设全球进出口商品质量溯源中心"。

2021年9月，广东省人民政府办公厅印发的《中国（广东）自由贸易试验区发展"十四五"规划》中，全球溯源中心被纳入"十四五"时期广东自贸试验区重点投资项目清单。

2022年6月，国务院印发的《广州南沙深化面向世界的粤港澳全面合作总体方案》中，明确提出"全面加强和深化与日韩、东盟国家经贸合作，支持南沙高质量实施《区域全面经济伙伴关系协定》（RCEP），率先积累经验。

对标《全面与进步跨太平洋伙伴关系协定》（CPTPP）、《数字经济伙伴关系协定》（DEPA）等国际高水平自贸协定规则，加大压力测试力度"。同年9月，全球溯源中心被纳入《广东省贯彻落实〈广州南沙深化面向世界的粤港澳全面合作总体方案〉重点任务清单》，要求"加大南沙全球溯源中心应用推广力度，深化数字经济公共基础设施服务实践，积极探索数据资产的确权、用权，参与构建全球溯源国际规则"。全球溯源中心的应用推广还得到了海关总署的支持，2022年9月，海关总署印发《海关总署支持广州南沙深化面向世界的粤港澳全面合作若干措施》，明确提出"支持全球质量溯源体系在南沙口岸试点应用"。

从2015年至今，全球溯源中心的建设和推广得到了国家、省、市各级政府的大力支持，支撑着全球溯源中心始终不渝地向着目标迈进，致力于建设成为具有影响力的数字经济公共基础设施。

二是契合国家数字经济相关战略要求。2017年12月，中共中央政治局就实施国家大数据战略进行第二次集体学习，中共中央总书记习近平指出，要构建以数据为关键要素的数字经济，推动实体经济和数字经济融合发展，发挥数据的基础资源作用和创新引擎作用，加快形成以创新为主要引领和支撑的数字经济。

2019年10月，国家发展改革委、中央网信办联合印发《国家数字经济创新发展试验区实施方案》，要求广东省依托粤港澳大湾区国际科技创新中心等主要载体，加强规则对接，重点探索数字经济创新要素高效配置机制，有力支撑粤港澳大湾区的建设。

数字经济被数度写入每年的政府工作报告。《2021年政府工作报告》要求，加快数字化发展，打造数字经济新优势，协同推进数字产业化和产业数字化转型，加快数字社会建设步伐，提高数字政府建设水平，营造良好数字生态，建设数字中国。

2022年1月，国务院发布了《"十四五"数字经济发展规划》，在数字基础设施、数据要素、产业数字化、数字产业化和公共服务数字化、数字经济治理体系等方面作出重要部署，推动我国数字经济的高质量发展。

2022年10月，中共二十大擘画了全面建设社会主义现代化国家、实现第二个百年奋斗目标的宏伟蓝图，作出加快建设数字中国、贸易强国的重要部署。

2022年12月，《中共中央　国务院关于构建数据基础制度更好发挥数据要素作用的意见》，从数据产权、流通交易、收益分配、要素治理等方面构建数据基础制度，提出20条政策举措，系统性布局了我国数据基础制度的"四梁八柱"，将充分发挥中国海量数据规模和丰富应用场景优势，激活数据要素潜能，做强、做优、做大数字经济，增强经济发展新动能。

2023年2月，中共中央、国务院印发了《数字中国建设整体布局规划》，提出建设数字中国是数字时代推进中国式现代化的重要引擎，是构筑国家竞争新优势的有力支撑，并对数字中国建设作出整体布局和顶层设计。

全球溯源中心作为数字经济公共基础设施，打通了政府和企业间的数据流动通道，探索多元参与的协同治理体系，同时创新制定了一系列数据高效安全流通和应用的政策制度、机制化流程，符合国家对于数字经济创新发展的要求。

三、全球溯源中心建设的现实必要

全球溯源体系是一套商品价值传递体系，能释放出巨大的服务潜能，而全球溯源中心的建设是承接全球溯源体系重大社会应用价值的必然要求。

一是统一全球溯源体系理论内涵的现实需要。全球溯源体系在南沙首创并形成试点范本以来，全国多地都在简单模仿，各种形式的"溯源"良莠不齐，各自的内涵、标准、系统、标识混乱。为避免多地因对全球溯源体系的内涵、标准理解片面或错误而导致浪费行政成本和错过发展机遇，建设实体化的全球溯源中心，对全球溯源体系理论规则进行规范化、标准化传播就显得尤为重要。全球溯源中心作为公共基础设施，由地方政府主导建设和运营管理，能有效解决市场盲目模仿建设等系列问题，实现全球溯源体系的可延展、可复制推广。

二是完善国内质量管理标准的迫切需求。不同类型的设计和管理主体产生了模式各异的追溯机制，导致了"质量标准的千差万别"，监管信息与标准的碎片化问题，不利于我国商品质量标准与贸易规则的树立。全球溯源中心的建设是对溯源数据应用的极大提升，通过对全球溯源体系形成的"溯源数据池"进行数据信息的深度价值挖掘和市场化运作，可逐步形成商品风险防控的"信息集散地"，进而打造溯源新标准。

三是培育产业竞争新优势的必然举措。全球溯源中心的建设不仅是信息技术系统的功能扩展，更是从系统性、前沿性与可操作性的角度，将溯源理念、实体建设、产业应用及数字治理等功能进行了全链条延展。全球溯源中心通过建设功能性公共服务平台，促进产业发展与集聚，进一步打造国际级"数字贸易"服务平台，推动数字贸易高质量发展。全球溯源中心还可依托溯源信息开展"溯源+"应用创新，主动应对国际贸易进入"质量竞争"与"产业链竞争"的深度变革趋势。

第二节 全球溯源中心的建设意义

全球溯源中心契合数字经济发展趋势，立足数字经济公共基础设施的定位，致力推动要素链、产业链、价值链、规则链深度耦合，促进数字经济和实体经济深度融合，创新数字治理和国际规则新优势，服务于中国数字经济能力升级。

一、为数字治理体系规则构建提供实践方案

全球溯源中心实现了数据资产管理、数字治理的集成性创新，打造了数字经济时代"全球商品数据库"，推动数据要素价值发挥，有助于释放数字红利。供给侧围绕商品全生命周期，实现"从商品信息到数据生产资料"的突破，拓展培育数据流通服务链。需求侧打造数字治理、产业数字化、数字产业化等领域示范场景，提升各类主体管理数据、运用数据、开发数据的能力，激发更多数据要素流通需求。制度侧创新数据权属、流通规则机制，保障数

据要素市场规范、有序地发展。

二、为国内国外"双循环"发展战略提供重要支持

全球溯源中心基于"共建共享、真实安全、开放便利"的基本原则，建立数据权益确定、共享、应用机制，让数据资源流通起来，极大地激发了数据要素的创新活力，助力数据资源大循环畅通。通过建立良币逐劣币的商品真实价值传递体系，让"好产品会说话"，实现"以价值替代价格、以品质替代品牌、以溯源公证替代人为干预、以信息透明替代信息闭锁"，培育"诚信经营"与"放心消费"市场，倒逼产业升级创新，形成"品质中国"新格局，实现经济发展方式向质量效率型转变。

三、为构建开放型经济新体制提供重要抓手

全球溯源中心为国家开放型经济新体制探索了制度经验和实践经验。全球溯源中心构建了全球贸易商品价值的真实传递体系，快速链接贸易主体各方、各环节，实现商品数据化，支持全球数据要素有序、自由地流动。同时，它聚集服务要素、金融要素、物流要素、信息要素等新兴要素资源，在制度创新、规则创新、技术创新多轮驱动下，形成基于"全生命周期溯源""价值传递"与"风险可控"的高端价值链服务生态及全新商业业态。

四、为推进数据基础制度建设提供基础支撑

全球溯源中心通过建立健全数据安全、权利保护、数据跨境传输管理、交易流通、开放共享、安全认证等基础制度和标准规范，所有参与方秉持"共建共享、真实安全、开放便利"的基本原则，平等参与溯源共建，数字经济公共基础设施面向社会全面开放，推动市场公平竞争，形成全国统一大市场，促进数据要素在更大范围内顺畅地流动，形成全国市场数据大循环。

第二章
全球溯源中心的建设现状

第一节　全球溯源中心的发展历程

全球溯源中心自2015年在南沙自贸区首次亮相以来，经过4次升级，已经从最开始的口岸质量管理工具迭代成为数字经济公共基础设施，完成了从试点探索实践到理论成熟、设施完善的转变。

起源：跨境电商监管模式创新。2013年4月，广东检验检疫局决定在南沙口岸率先采用智检口岸公共服务平台来提高检验效率。2015年4月，为适应国际贸易形势的剧变，广东自贸试验区依托"智检口岸"公共服务平台率先探索跨境电商监管新模式，简化口岸环节，加强事中事后监管，构建质量追溯体系，对跨境电商企业及商品实行事前评估、入区备案、第三方检测、事后追溯等闭环监督管理，有效地促进了南沙片区跨境电商产业的发展。同年，全球溯源中心的基本理论在跨境电商的应用入选商务部"最佳实践案例"。

一、1.0版本——质量管理工具

2015年6月，全球溯源中心1.0版在南沙自贸区正式上线，标志着南沙成为全国首个推出跨境电商商品质量溯源的自贸区。该版信息化系统将境外检验检疫、认证机构与口岸检验检疫机构互联，以第三方质量信息互认为原则，将原产地证书、中文标签、商品质量检验检测证书、认证证书、装运前检验证书、商品质量鉴定结果等由第三方检验检测机构、认证机构采集到全球溯源中心，再结合企业自主声明的信息，通过全球溯源中心的数据规则，对商品信息进行清洗，去伪存真，传递商品价值信息，辅助口岸治理管理。

二、2.0版本——口岸监管工具

2016年9月，根据口岸监管的实际需求，全球溯源中心搭建了"一平台、三系统"的信息化系统运行架构，升级到2.0版。它以"智检口岸"公共服务平台为主依托平台，支持接入信息采集系统、溯源标识管理系统、溯源信息查询应用系统，以溯源码为介质，实现对不同维度溯源信息的采集、应用和服务，通过大数据分析和云计算手段，形成以标准、质量为核心内容的全链条、闭环式质量管理机制，构建检验检疫风险防控体系，实现全球溯源体系在口岸的全链条监管应用。

三、3.0版本——多维应用工具

2017年12月，可实现全球溯源中心多维应用的3.0版系统上线，以区块链开放的规则和去中心化的分布式架构，实现了公共基础设施与不同行业和领域溯源的应用分离，形成了为全社会赋能的架构雏形。在这个阶段，全球溯源中心信息化系统通过服务集群的方式，满足各区域应用的个性化需求。

四、4.0版本——数字治理工具

2022年，全球溯源中心信息化系统4.0版上线，包含全球溯源中心管理系统和公共技术组件。4.0版的全球溯源中心，其理论价值得以深化、功能价值得以扩展，成为可以服务于全社会数字经济发展的数字经济公共基础设施，构建三层架构实现去中心化布局和全面开放应用，支持全球各地通过复制全球溯源中心管理系统，接入统一的公共技术组件，实现互联互通，共同发力支持全社会数字化应用。

从2015年至2022年，全球溯源中心从最初的1.0版本迭代至4.0版本，从监管创新工具，到贸易便利化辅助手段，再到全新的价值传递规则体系，功能越来越丰富，内涵越来越深刻，赋予了全球溯源中心全新的定位与属性，打开了数字经济领域的新篇章。

第二节 全球溯源中心的特性

一、全球溯源中心的定位

全球溯源中心是广州南沙新区首创的数字经济公共基础设施，致力于将商品信息转化为数据生产资料，支持数据要素全球高效有序流通。全球溯源中心由政府主导建设、监管部门共建共用、社会各界共同参与，以"共建共享、真实安全、开放便利"为原则，建立以标准和法律权责为核心的规则体系，运用数字合约，对商品全生命周期数据进行分段采集、分级使用，促进数据资产权益确定、数据要素流转应用、数字生态发展等数字治理创新，服务于产业数字化、数字产业化和数据价值化，面向全球政府、企业、消费者平等开放使用。

二、全球溯源中心的特性

1. 科学性

一是构建了互利共赢、良币逐劣币的生态运行体系。全球溯源中心是政府、企业和消费者等各参与方自主声明加入并建立起的共建共享、真实安全、开放便利、互利共赢的数字生态体系，以声明公证提高共建共享数据的法律可信度，以多维数据比对校验精准识别商品信息、研判风险，并对全领域、全环节、多场景、多应用全面开放。

二是创新性地构建了商品信息的多重数据校验机制，建立了高效低成本的数据真实价值传递体系。全球溯源中心通过数据校验机制、体验反馈机制、第三方验证机制、监管裁定机制、数据权责机制五重校验机制相互比对、相互校验，让数据无限趋近于真相，建立全球首个商品数据画像库，识别商品真实价值，实现商品真实价值的传递。

三是构建了一套完整的、权威的、系统性强的标准体系，为全球溯源中心各参与方提供统一的规则标准范式，以标准化手段推动全球溯源中心向国际国内复制推广。全球溯源服务标准化试点项目成功申报国家级社会管理和公共服务综合标准化试点，以标准化试点建设为引领，编制全球溯源体系标准155份（其中自编39份），并顺利通过中期评估。同时，全球溯源中心积极搭建行业标准、地方标准、湾区标准、团体标准等各层级标准，目前已发布实施行业标准《进口商品质量溯源规程》、广东省地方标准《商品全生命周期溯源通用要求》、湾区标准《全球溯源体系　共建方通则》等，以湾区标准为牵引，促进湾区数字要素流动，推动三地规则标准"联通、贯通、融通"。此外，全球溯源中心深入各行业领域应用标准化，在全国率先发布溯源应用标准《全球溯源体系　新型离岸国际贸易真实性核验指南》，以标准引领带动新兴产业发展提质增效。

2. 技术性

一是构建了适用于全球的去中心化架构布局。全球溯源中心以各个区域全球溯源中心为节点，利用公共技术组件，实现节点之间的数据互联互通，通过分布式部署，既保障各个区域全球溯源中心数据管理的独立性，又满足各个区域全球溯源中心对大数据高效处理、数据高并发访问的需求。同时，它的信息化系统使用公钥密钥对数据进行加密，保障数据在存储状态或传输过程中不被窃取、解读和利用。

二是打造了可快速推广的标准化区域数字资产管理工具。全球溯源中心建设了全球溯源中心管理系统，以精准识别为基础、以商品全生命周期的数据管理为核心，包含标准化的系统架构、四大公共服务平台、溯源+应用，是数据采集、识别和处置的一套高效、低成本的工具，可以实现区域数字资产管理。该管理系统充分使用云计算、大数据、人工智能、边缘计算、安全计算等多种先进信息技术手段，创新应用多源数据快速采集、数字画像生成、数据高效传输等技术方法，支持全球溯源中心作为数字经济公共基础设施，服务于全社会。

三是建立了高效的商品信息采集、识别、处理的科学技术理论和方法。全球溯源中心创新"链段分类理论""商品画像理论"，以商品为原点，按照商品固有属性和商品附加属性构建数据链段分类，采集商品在不同主体、不同时间、不同空间下的数据，在全球溯源体系内不断叠加、校验和智能化整合，形成商品画像，数据越多，商品画像越清晰、可靠。

四是构建普适性的"物"到"数"数据管理规则。全球溯源中心构建了溯源中心数据处理活动的规则，包括数据采集、数据识别、数据标识、数据追责、数据共享、数据应用和数据交互，实现了"物到数"的转换，把无序的信息转变成有序的数字画像，实现了物理世界到数字孪生的映射。

3.伦理性

开放融通、共建共赢、平等互利、安全发展的共同伦理信条，是顺应大变局下全球数字治理的需要。全球溯源中心以"共建共享、真实安全、开放便利"为指导思想，旨在打造一套全面服务于数字治理、产业数字化和数字产业化的数字治理标杆样本，在维护数字伦理方面形成了一系列的成果举措。

一是坚持平等开放，构建共建共赢全球架构。全球溯源中心面向全球政府、企业、消费者平等开放，各共建方之间地位平等，全球各区域或行业的全球溯源中心节点地位平等，互联互通，不存在管理与被管理的关系。

二是坚持劳有所得，确立数据流转确权规则。全球溯源中心确立了数据权益确权规则以及数据授权流转规则。全球溯源中心以"开放、协同、确权、自治"为基础，以数据规则、行为规则和运营规则为保护方向构建了全球溯源中心的法律保护体系。全球溯源中心制定了数据权益确权规则，通过创设数据发布权、数据控制权、数据收益权，打破了平台掠夺数据的惯常做法，保障了各方共享数据的权益；通过设立数据授权流转规则，明确数据的共享使用以合法授权为前提，数据对所有的参与方平等开放，充分保障了全球溯源中心内数据的合法有序流动。

三是坚持法治思维，首创"声明公证、依约履责"机制。为提升参与共建企业的品牌形象，增强企业主体责任，全球溯源中心首创了"声明公证、依约履责"机制，通过对数据真实性进行公证，建立起全球溯源中心"失信惩戒、违法必究"的维权制度。

四是坚持自治管理，共筑安全发展数字生态。各区域或行业全球溯源中心建设者享有该节点独立自主运营的权利，各区域或行业全球溯源中心建设者地位平等，不受任何其他区域或行业全球溯源中心建设者的领导。全球溯源中心不对溯源数据进行集约化存储和管理，各区域或行业全球溯源中心对数据采取属地化存储和管理。全球溯源中心信息化系统满足三级等保要求，使用公钥密钥对数据进行加密，保障数据在存储状态或传输过程中不被窃取、解读和利用，充分保障全球溯源中心数据的安全性。

4. 社会性

一是遵循数据是全社会活动共同产物的通识。溯源数据是商品从生产、流通、分配到消费全生命周期的信息，是全社会各主体活动的共同产物。全球政府、企业、消费者通过双边或多边协议的方式，自主免费加入全球溯源中心，共享数据。全球溯源中心是对数据赋能而非掠夺，是对数据共享者的反哺而非索取，通过数据的授权流通让数据发挥其最大价值，赋能政府部门提高监管效能，赋能企业加速数字化转型，赋能消费者对商品的真实价值清晰可见。

二是遵循公共基础设施定位推动社会发展。全球溯源中心定位为数字经济公共基础设施，致力于实现"两个服务""三个保护"和"四个能力"。"两个服务"是指服务于区域数字治理、服务于产业数字化和数字产业化；"三个保护"是指保护数据资产、保护知识产权、保护消费者权益；"四个能力"是指将商品信息转为数据的能力、实现商品价值真实传递的能力、聚合产业资源的能力、构建国际新型规则的能力。

三是遵循协同共建指导思想，打造社会协同新生态。全球溯源中心通过集聚全球优质的要素资源，支持要素流动，形成溯源生态，首期搭建四大公共服务平台，支持构建溯源标识、公证法律、知识产权、消费者权益保护以及"溯源+"服务等产业生态。全球溯源中心与监管部门通过数据共享、信息共享推动政府管理协同，提升政府数字治理能力。溯源中心已建设溯源辅助信息系统，辅助海关风险研判、效率提升，已与国家市场监督管理总局信息中心拟定签署《全球溯源中心战略合作备忘录》，搭建市场监管溯源辅助系统，推进溯源在市场监管中的应用。全球溯源中心积极推进"溯源+"开放应用的创新，"溯源+基于多方安全计算溯源认证的跨境结算服务"成为广州首批金融科技创新监管试点应用项目，正在探索"溯源+二手车出口""溯源+预制菜""溯源+口岸物流""溯源+离岸贸易""溯源+数据交易""溯源+碳足迹"等数字背景下新型产业生态运作模式。

5.经济性

一是推动商品信息转化为数据生产资料，促进数字要素的便利流动。全球溯源中心以高效低成本的价值传递为核心理论规则，贯穿商品全生命周期，快速链接贸易主体各方、各环节，实现商品信息转化为数据生产资料，并聚集服务要素、金融要素、物流要素、信息要素等新兴要素资源，形成商品产业物联网，并构建数据作为生产要素的流动机制、分配方式和应用规则，使数据要素满足"可计量、可交付和经济价值可实现"。全球溯源中心契合数字经济发展趋势，致力于推动要素链、产业链、价值链、规则链深度耦合，促进数字经济和实体经济深度融合。

二是发挥数字经济公共基础设施效能，为产业数字化提供新工具。作为数字经济公共基础设施，全球溯源中心支持企业便捷对接，无须自行搭建相关基础功能的信息系统，即可实现关键业务流程数据可视化，大幅降低企业数字化成本，有效提升生产经营效率，助力传统企业加快数字化转型升级。全球溯源中心通过数据的共享共用，实现企业与产业链上下游企业以及关联产业链企业数据的互联互通，形成完整贯通全产业的数据链，推动产业链上下游高效联动、多产业融合协同发展，提升了供给侧与需求侧的信息对称性及产品和服务的适配性，助力企业实现降本增效、有效配置资源。同时，它为企业提供数字资产全方位保护，强化数字资产管理，解决企业数字化过程中面临的数据权益纠纷和法律关系问题。

三是依托"数据+用户"的生态，全方位重构产业链、创新链、价值链，促进数字产业化。全球溯源中心打破各个数据壁垒，数据要素广泛、高度集聚，数据可资源化和资产化，奠定了"数据+用户"生态的基础，有助于实现数字经济模式、技术、制度的快速转变，发挥数据要素作用，推进数据要素的产业化、商业化和市场化，做大做强数据应用服务产业。

6.政治性

一是通过数据要素流动共享，支撑国内国外"双循环"发展战略。全球溯源中心通过对国际贸易商品真实价值数据的掌握，科学推进供给侧结构性改革，通过共建共享，让数据新资源流通起来，培养"以价值替代价格、以品质替代品牌、以溯源公证替代人为干预、以信息透明替代信息闭锁"的市场习惯，倒逼产业升级创新，实现中国经济向质量效率型转变，带动国内国际双循环相互促进。

二是通过快速链接国内国际市场，助力构建开放型经济新体制。全球溯源中心通过实现全球贸易商品价值的真实传递，快速链接国内国际贸易主体各方、各环节，同时实现商品与数据的转化，聚集服务要素、金融要素、物流要素、信息要素等新兴要素资源，建立中国创新商业模式的优势地位，形成一种全新的输出和商业模式，探索国家开放型经济新体制，探索制度经验和实践经验。

三是打造区域数字治理标准化样板，服务于国家治理能力现代化建设。全球溯源中心通过构建标准体系、法律保障体系、公共技术、信息化工具，以标准化手段打造全球溯源中心从理论到应用的标准化样板，形成以溯源数据为内核辅助决策、管理与创新的机制，可快速推进产业数字化和数字产业化，助力数字治理能力现代化建设。

四是通过构筑共建共治共享的数字规则范本，形成新型国际规则"南沙方案"。全球溯源中心构建以"开放、协同、确权、自治"为原则的全新国际商品数据规则，通过双边或多边合作协议，形成多维主体的"规则共识、价值共识、行为共识"，创新了传统国际贸易方式的底层逻辑。通过充分发挥我国贸易体量、制造体量、消费体量、电商体量、社会制度等优势，推动溯源标准规则的应用、推广和国际输出，为国际数字贸易和治理规则提供"南沙方案"。

五是通过构建规则标准统一的数字"新基建"，助力建设全国统一大市场。溯源数据不分区域、覆盖全国，以更具通用性的全球溯源中心规则标准和进一步互联互通的公共技术，推进溯源数据全境顺畅流动，通过规则标准统一的数字"新基建"复制推广建设，培育"良币逐劣币"的新型信用环境，通过生产端、贸易端、物流端、消费端数据广域触达流通，有效改善市场资源配置效率，助力建设要素和资源市场统一、商品和服务市场统一的全国统一大市场。

第三节　全球溯源中心的建设内容

一、全球溯源中心规则体系建设

全球溯源中心的规则体系包括数据规则、行为规则和运营规则，践行"共建共享、开放便利、真实安全"的基本原则，共同组成全球溯源中心的运行依据。全球溯源中心的规则体系从全球溯源中心标准体系建设和全球溯源中心法律保护体系建设两方面进行具体约束，并使全球溯源体系的运行规则在全球溯源中心信息化系统中得以实现，使全球溯源中心的运营规范在全球溯源中心服务中得以落地。

全球溯源中心的标准体系建设，包含了标准体系的构建和落地实施改进。标准体系对全球溯源中心的理论制度、运行机制、行为规范、参与方权责分工、技术工具等内容进行了全面约束，形成了有机统一的整体，为各方加入应用全球溯源中心提供了统一的指导，为全球溯源中心在全球实现快速复制推广提供了支撑。标准体系全面适用于全球溯源中心所有参与方，发挥标准化的手段让各方快速应用全球溯源中心，充分发挥数字经济公共基础设施的作用，加快数字化转型，共享数字经济红利。标准体系将保持持续成长的能力，不断优化、完善，力求充分发挥标准化的作用，助力全球溯源中心的广泛应用和推广。

全球溯源中心的法律保护体系建设，包含了数据权责制度和法律协议体系的建设。一方面，全球溯源中心创设了数据发布权、数据控制权和数据收益权，保障了各共建方在共享数据过程中的权益，并通过"声明公证、依约履责"的机制，为发布到全球溯源中心的数据的真实性、合法性承担法律责任。另一方面，全球溯源中心以双边或多边协议的形式，形成多边数字治理机制，从共建规则、数据规则、运行规则三大维度研制了《全球溯源中心章程》《全球溯源中心数据规则》《全球溯源中心复制推广协议》等12份法律保护协议，以保障全球溯源中心内部数据采集、确权、共享、应用等数据活动的有序进行，以及保障全球溯源中心各共建方的权益，鼓励各参与方协同共建。

为了实现数字化的商品数据库，全球溯源中心建立了一系列的数据管理规则，通过对数据采集、数据识别、数据标识、数据交互、数据共享、数据应用、数据追责等七大方面制定规则，从技术层面实现将现实商品转化为商品的数字画像，实现商品真实价值的传递。

全球溯源中心，以全新的价值传递规则体系，面向全球实现规则输出、规则应用、规则互联，构建新时代的数字经济公共基础设施。

二、全球溯源中心信息化系统建设

全球溯源中心打造了一套先进、高效、扩展性强的信息化系统，是数据时代实现物联网数据链接的信息化工具。它依托全球溯源中心的理论、规则和标准，以各个区域全球溯源中心管理系统为节点，通过公共技术组件实现不同节点之间的互联互通，实现各类溯源+的应用。从2015年至今，全球溯源中心信息化系统已从1.0版本升级至4.0版本，以"溯源公共组件+SaaS+PaaS"的理念，为数字时代的商品数据采集、识别和处置提供一套高效低成本的工具。

全球溯源中心信息系统由中心管理系统和公共技术组件组成。中心管理系统承担各个区域内数据信息采集、识别、共享和协同，实施区域内的强规则管理，包括商品溯源、检验检测服务、知识产权保护、消费者权益保护和溯源产业服务等公共服务模块，以及开放接入"溯源+"的功能。公共技术组件提供各区域中心之间与"溯源+"应用之间的数据交换和数据传输服务，是全球溯源中心互联互通的必要支撑。全球溯源中心信息化建设聚焦溯源公共设施管理及服务的标准化，并充分考虑全球溯源中心《通用规则》与《区域强规则》的结合，服务于溯源各参与方和应用方。

溯源应用是基于全球溯源中心规则，有效利用溯源数据，搭建在监管部门、行业产业领域的全新应用。同时，通过对人工智能（AI）、区块链、云计算、大数据等前沿信息技术的全开放，实现溯源业务更好地全开放，并为新技术提供各种应用场景，进一步推动技术革新。全球溯源中心在提供公共服务的同时，面向社会，为新的拓展应用提供充分的空间和赋能，将推动"溯源+"服务、金融、贸易、报关、技术、人工智能等产业集聚南沙，培育高端价值产业链竞争新优势，形成南沙经济增长新动能。

目前，全球溯源中心信息化系统已打造了多端口的信息服务系统，包括网页端、App（手机应用端）、小程序端等，所有参与方都可随时随地登录使用，为全球溯源中心的广泛应用提供了良好的技术基础，真正实现数字经济公共基础设施的公共性效能。

三、全球溯源中心实体运营中心建设

2022年，首个全球溯源中心实体运营中心落地建成，地址位于广州南沙蕉门河畔，建筑面积约1600平方米，包含展示体验区、应用推广区、公共服务区、配套办公区等，既是溯源理论和规则的展示体验中心、溯源业务运营中心，也是溯源应用推广中心，提供现场咨询与业务办理服务。

全球溯源中心的展示体验中心主要分为三大区域，分别是"数字时代·新机遇""溯源中心·新能为""溯源成果·新格局"，以形象生动的可视化展现描述了全球溯源中心的由来、机制、能为、案例、成果与展望，充分展现全球溯源中心作为数字经济公共基础设施，能够在数字经济发展中服务于各参与方。

第四节　全球溯源中心的创新成果

一、规则创新

构建了高效的商品数据化的规则。一是形成全球溯源中心理论规则，秉持"共建共享、真实安全、开放便利"的原则，以最低成本实现商品价值的真实传递。二是构建标准体系。全球溯源中心编制行业标准、地方标准、团体标准、企业标准等多类标准，将全球溯源中心理论、规则、运营、工具、技术等全面标准化，以标准为手段助推区域规则衔接。三是探索构建法律保护体系，围绕全球溯源中心关于数据权益、数据保护、数据流通、权益分配以及平台基础设施建设等方面进行探索研究，已形成12份法律保护协议。

二、技术创新

形成了数字采集、处理和应用的多种技术理论和方法。一是创新多维校验数字画像。创造性地提出链段分类、数字画像、自我学习等技术理论。通过对数字的多维数据核验，包括第三方专业机构、监管部门等多重识别，使商品信息转化为溯源数据，实现数据闭环。二是搭建形成全球溯源中心4.0版信息化公共基础设施。通过建设中心管理系统和四大产业公共服务平台，全面实现全球溯源中心技术的公共性，为在各地快速复制推广奠定技术基础。三是搭建了一套公共基础设施公共技术。形成以"去中心化、分布式存储、公钥密钥、开放应用"为特征的技术架构，支持多中心互联互通、数据高并发访问。

三、工具创新

构建了一套具有公共基础设施属性的信息化工具。一是公共基础设施开放应用，面向全社会、全行业全面开放应用，对行业、监管部门、新技术、新场景等均实现开放、便利使用，充分发挥数字经济公共基础设施功能。二是构建了监管辅助新工具，建设溯源辅助信息系统，搭建"信易+"信易通场景，为海关、市场监管、信用等监管部门"风险可控、来源可究、去向可查"提供闭环监管新工具。

四、产业创新

依托数字经济公共基础设施，创新产业链和产业集聚生态。一是公共服务产业不断完善。持续搭建溯源标识服务、知识产业保护、检验检测、公证机构服务等公共服务。二是"溯源+"开放应用稳步推进。"溯源+基于多方安全计算溯源认证的跨境结算服务"成为广州首批金融科技创新监管试点应用项目，正在探索"溯源+二手车出口""溯源+口岸物流"等数字背景下新型产业生态运作模式。三是推动"溯源+"产业模式不断形成，推动围绕贸易要素的大物流体系、标识产业、检验检测、贸易链金融、知识产权、数字经济等产业集聚，丰富和完善产业链，助力打造战略新兴产业链集群。

第三章
全球溯源中心的理论支撑

第一节　全球溯源体系核心内涵

全球溯源中心作为数字经济公共基础设施，支撑着数字经济发展，核心在于其拥有一套严谨、科学的理论体系，这套理论体系就是全球溯源体系。全球溯源体系是一套理论规则体系，全球溯源中心是全球溯源体系的落地载体。

一、全球溯源体系的定义

全球溯源体系是各国政府部门、企业和消费者共建共享的价值传递体系。全球溯源体系通过对商品生产、流通、分配和消费全生命周期的数据采集、科学分析与精准识别，实现风险可识别、可控制、可处置，服务于货物流通、贸易便利、权益维护，以最低成本实现商品价值的真实传递。

二、全球溯源体系的本质

数字经济的三大要素是算力、算法和数据，前两者可以被归类为技术层面的问题，随着信息技术的发展，我国已经发展出推动数字经济高速发展的算力和算法，数据则不仅是技术问题，而且是更复杂也更底层的规则问题。

数据并不是今天才有的，从文明之初的"结绳记事"，到文字被发明出来之后的"文以载道"，再到近现代科学的"数据建模"，数据在人类社会发展进程中，一直扮演着非常重要的角色。在数字经济时代以前，数据更多是作为辅助性角色为现有生产生活服务，并未上升到生产资料的高度。但是，在数字经济时代，数据已经演变成了全新的生产要素和生产资料，它的价值得到了革命性的认知与认可，变成新的商业价值和社会价值来源。如果说石油的发现与开采带动了工业时代的腾飞，那么数据就是新时代的"新石油"，必将带来数字时代的腾飞。

很多人尝试用大数据的采集分析应用来实现数据的开采和价值化，但是这依然是停留在技术层面的"数据石油开采技术"，并不是真正的"数据油田"，也没有解决发现"数据大油田"的问题。全球溯源体系是一种找到"数据大油田"的创新方案，本质上是从物到数的转换规则，解决的是在数字经济下，数据如何来、到哪去、如何去等数字经济发展的基础性问题。人类文明发展至今，数据历来都是基于现实生产生活，代表一定的含义。在数字经济时代，这一特点更加明显：数据脱胎于现实物理世界，按照一定的规则映射到数字化的世界，作为生产要素在数字世界流动，由此反哺现实物理世界，带动现实物理世界的经济发展，并创造全新的经济发展模式，实现现实物理世界的高质量发展。这个过程中的现实物理世界与数字世界的映射规则、数字世界的数据要素流动规则、反哺现实物理世界经济发展的规则，就是全球溯源体系规则体系的核心内涵所在。

商品是用于交换的劳动产品，与百姓生活息息相关，商品就像是一根针，它的自由流动可以带出一条把微观个体和企业以及宏观政府管理全部串联起来的线，无数的商品及其流动形成了复杂的人类社会网。我们认为，商品是建立起现实物理世界和数字世界联系的最佳载体。所以，全球溯源体系作为从物到数的转化规则，更是一套商品价值传递体系，在这套体系内，政府、企业和消费者围绕商品共享数据，把商品的真实情况展现出来，在数字世界得到全面、精准的映射表达和最佳应用。

全球溯源体系本质是通过采集商品全生命周期中多维的、碎片化的数据进行分析、比对，数据之间不停地互相校验、碰撞，从而让每一件商品的真实价值得以呈现与传递。

全球溯源体系有几个核心要点，即自主自愿、平等参与和人类对美好生活的向往。

参与者的自主自愿性。前面我们提到商品相关者，也就是全球溯源体系的参与者，涵盖了政府、企业和消费者，所有的参与者都是自主自愿参与、自主声明、主动承担责任的，全球溯源体系的应用中是没有行政强制力干涉的。无论是政府、企业还是消费者，在充分理解全球溯源体系后，都将认识到全球溯源体系确实能够帮助其更好地参与数字治理和数字经济发展，并令其在此认知基础上自主自愿参与。

参与者的平等性。全球溯源体系的参与者涵盖了政府、企业和消费者，整个体系所采集的数据也覆盖政府、企业和消费者等多个维度，并且在数据的识别、比对、校验等各种处理中并不会把某些维度来源的数据奉为真理。作为科学严谨的理论体系，全球溯源体系坚持实践是检验真理的唯一标准，各方数据被平等采信和处置，无论是政府、企业还是消费者的数据，都在统一的规则算法下进行处置，各种碎片化的数据通过多维校验比对，商品的真实价值才会显现出来。

人类对美好生活的向往。经济全球化下，经济活动早已超越国界，商品全球化流动意味着全球溯源体系必须是全球通用的一套价值体系，因此，全球溯源体系在其内在机理上超越政治、种族、宗教、文化、地域上的区别，已经具备全球通用性。人类有着共同的价值追求，那就是对美好生活的向往。全球溯源体系正是基于人类的共同追求，以商品为载体，全球各国各地的政府、企业和消费者，共同传递商品的真实价值，这也是全球溯源体系的名称中带有"全球"二字的一个原因。

全球溯源体系理论内涵极其丰富，涉及全社会各类机构、组织和个人，需要各方共同遵守统一的规则标准。唯有如此才能实现商品真实价值传递的目的。那么，作为一套全新的理论体系，各方准确理解它的内涵和落地运行实现的具体规则，就变得非常重要。因此，我们将全球溯源体系的理论规则进行标准化，便于大家理解和学习，获得统一的行动指南，为全球溯源体系在社会全面应用、跨行业跨领域延伸提供支撑，后面的章节将对相关内容进行详细阐述，这里暂不展开介绍。

第二节　全球溯源体系的基本原则

全球溯源体系的所有参与者，必须共同遵循"共建共享、真实安全、开放便利"的基本原则。这一原则的确立，让全球溯源体系从根本上成为符合数字经济时代需求的数字治理方案，成为有效解决数字经济时代社会痛点的新方案。

"共建共享"指的是政府、企业和消费者共同参与，通过将商品全生命周期中的碎片化信息汇集整合，向商品相关各方传递全面有效、真实可靠的价值信息，助力全社会、全产业互惠互利，合作共赢。

"真实安全"指的是全球溯源体系强化了商品价值的真实性与传递过程的安全性。从理论规则层面，全球溯源体系通过对商品价值信息全方位、多维度、多层次的全面采集，再采用先进数据处理方式，对数据进行多维校验和有效整合，进而令其在技术层面符合高标准的信息化技术安全要求，确保支持全球溯源体系运行的整套信息化系统安全可靠，保障各参与方权益。

"开放便利"指的是全球溯源体系是一套满足全人类对美好生活向往的理论规则体系，具备面向全人类开放的特性。为便于不同种族、文化、宗教、传统、地域、技术能力水平的参与者均能享受全球溯源体系带来的巨大效益，全球溯源体系构建了完整的准入和管理规范，坚持对各国政府、企业、消费者一视同仁，全领域、全环节、多场景、多应用全面开放，支持各参与者便利地参与共建，共享成果。

"共建共享、真实安全、开放便利"是全球溯源体系得以运作的基本原则，也是全球溯源体系理论得以成立，并实现可行可靠运行的支柱，更是全球溯源体系在全面应用过程中必须始终坚持、不可偏离的核心要求。

第三节　全球溯源体系的运行机制

一、运行机制：多重数据校验机制勾勒商品画像

全球溯源体系作为一套价值传递体系，能有效实现商品真实价值的传递，核心在于其具备一套完善的运行机制。这套运行机制覆盖商品全生命周期的所有参与方，涉及商事主体、消费主体、质量鉴定主体、监管主体和数据权责确立主体等，在商品全生命周期过程中，围绕商品生产、流通、分配和消费的全部相关方从各自维度提供商品价值相关的信息，碎片化数据在全球溯源体系内不断叠加、校验，经过多方比对验证，去伪存真，形成无限趋真的商品数字画像，还原商品价值的本质，同时确定数据权益，实现商品真实价值的传递，让参与者快速获得有效信息。这套运行机制主要包括五重校验：数据校验机制、体验反馈机制、第三方验证机制、监管裁定机制、数据权责机制。

数据校验机制：商品生产、贸易、流通链条上各品牌商、生产商、平台商、物流商等商事主体向全球溯源体系共享商品信息，并对数据的真实性主动承诺担责，全球溯源体系对各方信息平等采信，这些信息在全球溯源体系内互相叠加、比对校验，实现初步去伪存真，给出商品初步的真实情况，形成初步的商品画像。

体验反馈机制：消费者作为商品的最终使用人，对商品的真实情况拥有切实消费体验的话语权，可将其消费体验感受、权益维护等信息反馈到全球溯源体系，海量的消费反馈信息对商品的初步画像进行更新与补充，进一步丰富商品数字画像。

第三方验证机制：检验检测认证机构是具备对商品质量作出专业鉴定资质的第三方机构，是社会上能够对商品质量情况给出科学客观鉴定结论的主体角色。质量是商品价值的重要组成部分，在商品流通过程中，商品质检担

当着非常重要的角色，质检结果是商品质量的有力证明。在全球溯源体系内，检验检测机构共享其对商品的专业鉴定结果信息，进一步丰富商品信息。这里需要注意两个方面：一是检验检测鉴定结果具有为交易环节服务的行业特性，因此商品生产流通过程中，必然会涉及多次质检，不同的质检结果都可以共享到全球溯源体系，全球溯源体系平等采信这些质检结果，使其成为商品画像的原始碎片化素材，在商品画像运行逻辑下，充实商品画像；二是尽管检验检测认证机构是科学客观权威的代表，但在全球溯源体系内，如前所述"参与者的平等性"，其信息并不会凌驾于其他信息之上，所有参与者信息被平等采信。

监管裁定机制：监管部门作为社会治理者，虽然不直接参与商品生产交易，但其社会治理结果也将影响商品价值信息，因此，监管部门作为一个重要的参与者被纳入全球溯源体系。监管部门将其商品监管执法结果信息反馈到全球溯源体系，为商品增加多个监管部门的监管信息维度，商品画像更加清晰、立体，趋于真实。

数据权责机制：企业加入全球溯源中心，自主声明上传到全球溯源体系的数据真实、合法、安全，并愿意为数据的真实性、合法性承担法律责任。但由于自我承诺的法律效力及信息可信度不高，企业可委托公证机构对其自主声明进行公证，构建企业数据法律权责。当企业违反承诺，出现声明失实情况，利益受损共建方可以通过法律途径向声明失实企业发起追责。

全球溯源体系正是在以上五重机制的不断作用下使商品价值信息得以传递。五重机制并没有先后关系，也并没有缺一不可的要求，而是根据信息在不断充实、不断更新商品画像的过程中，商品多维度的碎片化信息相互比对、相互校验，确保数据无限趋近于真相，为各方带来有效信息和利益点，在溯源价值生态中互利共赢。

需要指出的是，溯源并不等同于"优品认定"，全球溯源体系通过采集商品从生产、贸易、流通直至消费的全生命周期的碎片化信息，实现商品价值的真实传递，在实现全链条监管的同时，分级展示商品画像信息，由商品关系方自主判断和选择，但全球溯源体系本身并不对商品的质量优劣作出裁定。

二、突出特性：共建共享的多方共赢体系

在当下的数字世界里，数据本身呈现出多样化、多元化和碎片化特征，给各行各业带来了深刻的变革与挑战。如在国际贸易领域，得益于全球信息化、数字化的飞速发展，全球贸易向全球一体化方向发展，国际贸易形势呈现出贸易形式多样化、贸易主体多元化、贸易信息碎片化的时代特点。在这样的社会发展背景下，全球溯源体系正在探索如何建立现实世界的物品与数字世界的数据的关联与约束，构建一套完整的物理世界到数字世界有效转化的运行规则，适应和推动时代发展。作为中国乃至全球在这一领域的首次创新实践，全球溯源体系是这一领域的引领者，具备先进性、科学性、可持续性的三大时代特征。

1. 先进性

在原有传统商品流通规则和贸易规则的基础上，全球溯源体系创新性地优化了原有规则，结合数字时代发展的内核，打造全面、高效的商品价值识别体系，通过自主声明和主动担责的方式，多维采集、互相校验和分级展示商品全生命周期的价值信息，实现高效、低成本的商品真实价值的传递，更高效地促进商品流通，适应国际贸易新形势，推动数字经济新发展。因此，全球溯源体系具备时代发展的先进性。

2. 科学性

全球溯源体系的科学性体现在其是市场化、法治化和国际化的规则体系。

市场化：全球溯源体系由政府主导建设，但基于共建共享的原则，不以行政力量推动体系拓展，通过建设一个生态体系，为各国政府监管部门、企业、消费者提供对各自有利的真实有效信息和利益点，吸引主体主动参与，以价值共享引导其市场化的自由选择，推动形成良性循环。

法治化：全球溯源体系遵循国际法律惯例，依托各国民法通则，在尊重

贸易各方在现实世界的法律契约关系下，融合现行"国际商法""公证法"等法律，通过企业自主声明担责并进行属地公证，强化企业主体责任；通过创设数据权责制度，将境内外相关方纳入全球溯源法律保护体系权责双方，以保障在全球溯源体系内各共建方的权利和义务。

国际化：全球溯源体系在现有国际贸易规则下，通过共建共享的建设机制、完全开放的业务规则、国际第三方判定结果平等采信等路径，突破技术性贸易壁垒，规避国际贸易争端风险，不干涉各国主权，符合国际惯例。

3.可持续性

全球溯源体系以开放包容的态度，对各国政府、企业、消费者全面开放，通过自主选择，共同参与、共同建设达到共同分享的目的，基于价值共享实现多方共赢。

开放性：各行业各领域的新技术、新应用在遵守全球溯源体系"共建共享、真实安全、开放便利"的基本原则和相关标准下，都可以参与共建全球溯源体系、共享成果。在具体实现上，全球溯源体系的信息化落地实现通过构建信息化系统三层架构的方式，将理论、规则、标准等作为底层支撑，将公共技术作为中间层，在此基础上支撑起最上层的开放应用层，三层架构的构建，让全球溯源体系真正做到了从理论到实践的转化，实现了对社会的全面开放。三层架构的具体内容详见本书信息化相关章节。

多方共赢：在全球溯源体系内，所有的参与者都是全球溯源体系的建设者、维护者，共享红利，共赢未来。

企业作为参与者，可在良性竞争中得到发展。全球溯源体系能为企业提供商品的真实价值信息，有效获得消费者的真实声音，有助于企业提升商品质量和改进生产经营方式。全球溯源体系还能帮助企业维护知识产权，打击假冒伪劣等恶性竞争行为，为企业商品数据赋能，将数据转化为资产，助力企业数字化转型发展。

政府部门作为参与者，可快速提升社会治理效能。全球溯源体系通过大数据风险分析研判，助力形成事前、事中、事后全链条低成本监管闭环，助力推进政府监管部门出台便利化措施或扶持政策，增强风险可控性，以政府的力量助力企业发展，在共建共享中实现共赢，改善区域营商环境。同时，它通过市场机制拉动企业广泛参与，培养需求端对全球溯源体系的认可，以需求端拉动更多市场主体积极加入全球溯源体系，打造"良币逐劣币"的市场生态环境，推动经济高质量发展。

消费者作为参与者，可有效保障和维护其合法权益。全球溯源中心汇集商品全链条信息，消费者从中获取商品的真实价值信息，并通过体验反馈机制参与商品质量反馈，维护自身合法权益，改变了过去买方因信息不对称的弱势处境，打破传统的商品价值判定规律，在满足知情权、选择权和维护权的同时，参与商品质量共治，形成消费者反馈、企业处理、监管部门监督的全新权益维护模式。

第三方机构作为参与者，可获得行业新机遇。围绕商品数据，第三方机构成为数字经济服务的提供者。通过为商品数据所有者提供服务，创新价值服务模式，获得全新行业的发展新机遇，包括提供检验检测认证服务、知识产权保护、消费者权益保护和溯源产业服务等，在全球溯源体系多方共赢的生态中，第三方机构不断扩大自身的业务经营体量和业务经营场景，提升品牌竞争力，树立行业新规范。

全球溯源体系通过公约、规则、标准，参与者主动承担、自主申明，多方校验，实现所有参与环节商品真实价值的传递，在此过程中，实现数据价值的创造和应用，助力参与者多方共赢。综上所述，全球溯源体系是一个高效率、低成本、兼顾各方的生态机制和系统。

三、全球溯源体系与追溯的区别

以上内容是对全球溯源体系理论内涵的解读，相信读者已经意识到全球溯源体系和追溯体系是两套截然不同的体系，这里对二者的区别进行简单总结。

一是责任承担的方式不同。全球溯源体系是一套主动担责体系，所有参与者自主自愿共享其所掌握的商品信息，并为其所共享的信息主动承担责任，是各方抱着实现商品真实价值的传递,并在过程中实现多方共赢的共同愿望自愿参与。而追溯体系本质上是一套追责体系,是追溯体系的建设者为管理好其所在领域的相关业务,以关键节点和关键要素为抓手,要求相关参与者按其要求提供有关信息,目的是在出现问题时,能够追根溯源,找到是哪个关键节点、哪个要素出现了问题,对应的是哪个主体的责任。因此,全球溯源体系是主动担责体系,追溯体系是被动担责体系,而且全球溯源体系因各方信息共享,也能实现追溯体系的目的,但追溯体系无法实现全球溯源体系的目的。

二是数据采集的维度不同。全球溯源体系是商品全生命周期过程中所有商事/非商事、自然/非自然人围绕该商品发生的所有信息的全面、多维度集合。追溯体系则是商品从生产到消费的过程中,贸易主体严格按照商品交易流通链条的信息采集数据,是单链条的数据采集。

三是数据的可缺失性不同。前面提到了全球溯源体系采用五重校验输出商品画像,也就意味着个别数据的丢失,并不会导致整个商品画像的失效或失真,其他多维的数据会补足整体画像。但是,追溯体系不同,如前所述,追溯体系是单链条的数据采集,这就意味着在这个链条中,个别数据丢失会导致整条追溯链断开,链条失效则无法追踪到信息的源头。

四是普适性不同。全球溯源体系是一套自主自愿的商品信息共建共享体系,采用多源异构的方式兼容各类商品数据,因此,其适用范围并没有特定领域,一套体系可适用于全领域,这就使得其落地载体——全球溯源中心的信息系统可支撑全行业、全领域应用。而以追责为目的建立起的追溯体系,通常都是结合特定领域、特定要素单独建立的系统,难以直接兼容不同行业或不同商品,如药品追溯系统就难以用于日用品追溯系统。尽管追溯体系的原理具备一定的行业普适性,但是在具体落地实现的信息化系统上,难以有效兼容,或者需要进行高成本的改造方可使用。

综上所述,全球溯源体系和追溯体系虽然在表象上有着类似之处,容易被混为一谈,但二者有着本质的不同,全球溯源体系是一套高效、低成本的价值传递体系，追溯体系是一套高成本的监控问责体系。

第四节 全球溯源体系的参与类型

前文中，我们已经提到全球溯源体系的参与者非常多，可以涵盖全球各国政府部门、各类企业和消费者，那么在所有参与者共同参与共建全球溯源体系的过程中，为了更好地明确和区分各参与者在全球溯源体系内的身份角色，明确其权责，我们将全球溯源体系的参与者进行了身份界定。

一、四大共建方

全球溯源体系内的所有参与者被统称为共建方，指的是自愿加入全球溯源体系，秉持"共建共享、真实安全、开放便利"的基本原则，在商品全生命周期的价值传递过程中，提供数据或服务的组织或个人。

按照在全球溯源体系内的主要功能进行区分，共建方可分为数据共建方、服务共建方、协同共建方和支撑共建方四类。

一是数据共建方，指在全球溯源体系内提供商品溯源数据的组织或个人，拥有其提供的溯源数据的所有权，包括企业、第三方机构、消费者和政府部门。数据共建方的构成在体系中最为庞杂，构成如下。

企业：指将全球溯源体系内的商品在生产、流通、分配过程中产生的数据共享给全球溯源体系的组织，包括生产商、品牌商、贸易商、物流商等。

第三方机构：指将其出具的、具有证明意义的鉴定结果信息共享给全球溯源体系的组织，包括但不限于公证机构、检验检测机构、认证机构等。

消费者：指在商品消费过程中，向全球溯源体系反馈商品消费信息的最终用户。

政府部门：指在商品全生命周期过程中，按照区域行政管理法规，对商品进行有效监管，维护商品各相关方的合法权益，具有行政执法权的区域行政管理机构。

二是服务共建方，是为实现全球溯源体系信息的有效、准确、便利传递，按其他共建方的需求提供服务的组织，服务范围包括但不限于检验检测服务、认证服务、公证服务、溯源标识服务、知识产权保护服务、消费者权益保护服务等。

三是协同共建方，是为优化全球溯源信息化建设提供技术支持，或按共建方需求拓展溯源在产业中应用的组织。

四是支撑共建方，是负责区域或行业的全球溯源中心建设和运营，以及溯源中心的复制、推广工作，具有公信力的公共组织。

二、共建方的参与方式

全球溯源体系不强制各方加入共建，而是在统一的规则标准下，愿意加入全球溯源体系的各个主体，通过签署多边或双边协议的方式，确立其在全球溯源体系内的身份，承诺遵守全球溯源体系对应的规则和标准，获得相应权限参与共建。

在具体实施上，各共建方通过登录全球溯源中心的信息化系统，根据自身情况按要求填报信息、提交资质文件，并在线签署《共建全球溯源体系倡议书》及有关法律协议，承诺认同并遵循全球溯源中心以标准、协议等方式约定的相关规则和权责关系，从而获得共建方角色账号和对应权限，享受相关权利和承担相应义务。需要注意的是，全球溯源体系内共建方按功能区分为四类共建方，因此同一个组织有可能同时具备不同的功能，那么其对应地就可以申请多个共建方类型的角色身份。

共建方在参与共建全球溯源体系的过程中，必须严格遵守体系的各种规则标准，一旦共建方出现违背"共建共享、真实安全、开放便利"原则的行为时，将被全球溯源中心警示，这些行为包括但不限于：不遵循全球溯源体系规则及标准的行为，如服务失信、提供虚假信息、违反数据使用规则等；破坏全球溯源体系信息安全的行为，如恶意攻击数据库、非法篡改溯源信息等。警示方式包括提醒、警告、公示通报、限制全球溯源信息化系统的部分功能权限等。

最后，共建方可通过注销全球溯源中心的信息化系统账号自愿退出全球溯源体系。

共建方以不同类型的角色参与共建时，具体的参与内容是有区别的。作为数据共建方，可以通过全球溯源中心信息化系统向全球溯源体系发布商品溯源数据，管理其数据资产，并获得其他共建方提供的各类服务。作为服务共建方，可以通过全球溯源中心信息化系统向全球溯源体系发布其服务能力项目，被其他共建方所获知，并获得其他共建方的业务服务需求委托。作为协同共建方，可以通过全球溯源中心信息化系统在全球溯源中心接入其技术产品或应用产品，并在接到数据共建方的授权委托后，围绕溯源数据为其提供相应的服务。作为支撑共建方，可以建设和运营区域全球溯源中心，并且各支撑共建方彼此平等，其所建立的全球溯源中心采用分布式存储、公钥密钥的去中心化布局方式，也彼此平等、互联互通，共同支撑全球溯源体系的运行，以及其在全球各地的复制推广和全面应用。

第四章
全球溯源中心的公共技术

数字时代的到来，使得数据作为生产资料的重要性越来越突出。全球溯源中心的信息化建设，为数字时代的商品数据采集、识别和处置提供了一套高效、低成本的工具，实现跨区域、跨行业、跨平台的多源异构数据的快速采集，完成碎片化数据的识别和整合，提高信息共享和互联互通的效率，为各类应用场景的数据再利用提供了基础。

第一节　全球溯源中心的公共技术

全球溯源中心的公共技术体现为全球溯源中心的管理系统和公共技术组件。

一、全球溯源中心的管理系统

全球溯源中心的管理系统是依托全球溯源体系的理论和规则，秉承"共建共享、真实安全、开放便利"的基本原则，以实现高效、低成本的商品价值传递为目的，以多源异构数据采集、链段分类、数据画像为手段的去中心化信息系统，是全球溯源体系的具体实现工具。

各区域或行业全球溯源中心的管理系统支撑全球溯源中心执行区域或行业运营管理和提供公共服务，主要功能包括以下9点。

（1）共建方用户注册登记功能，支持识别共建方用户角色、区分用户角色权限；

（2）多源异构溯源数据采集功能，支持接入多来源、多主体、碎片化的溯源数据；

（3）溯源标识管理功能，包括但不限于溯源标识外观登记、溯源标识申领、溯源标识关联管理、溯源标识信息采集；

（4）线上公证功能，支持共建方选择公证机构为其发布溯源数据的行为进行公证；

（5）溯源数据授权功能，支持共建方溯源数据共享授权、溯源数据应用授权；

（6）溯源数据查询功能，支持共建方便捷查询溯源数据；

（7）接入各类"溯源+"应用的接口及接口管理功能；

（8）溯源数据安全防护功能，包括但不限于数据加密、数据防篡改、数据分级访问控制、数据备份和恢复；

（9）对网络、服务器、数据库与应用服务等的集中管理和监控功能。

区域或行业全球溯源中心的管理系统技术架构，包括基础设施层、数据资源层、支撑层和应用层，如图1所示。

应用层	公共服务可视化	公共服务管理系统	各类公共服务平台	线上公证管理系统	溯源标识管理系统	运营维护管理系统
支撑层	数据采集管理系统	数据分析管理系统	数据规则引擎	数据应用管理系统	应用接入管理系统	
数据资源层	原始数据库	数据分类分级库	画像数据库			
基础设施层	计算资源池	存储资源池	网络资源	组件接入	基础服务	

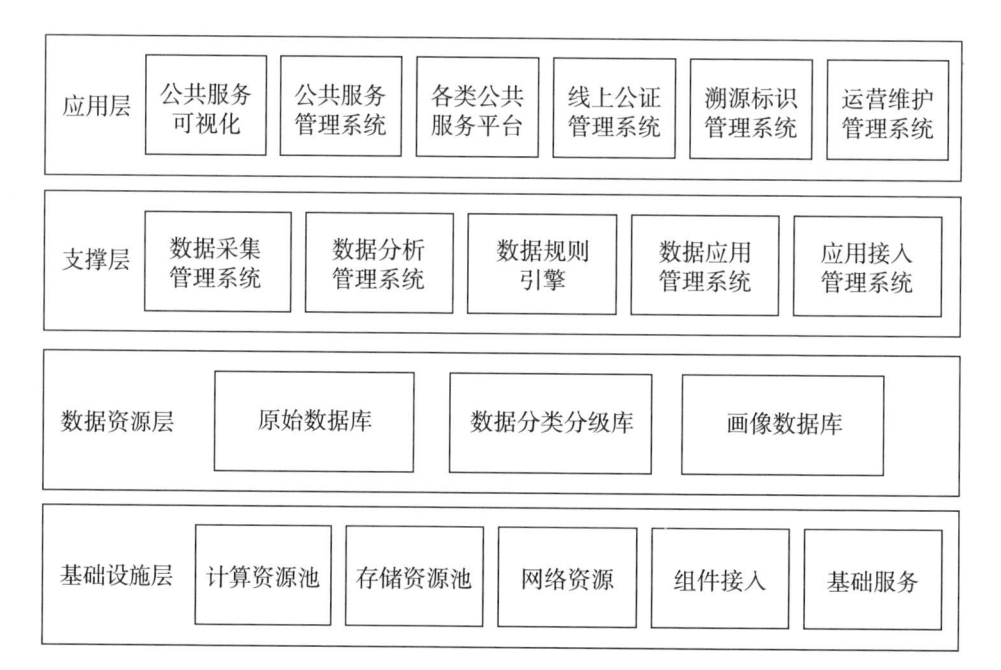

图1　区域或行业全球溯源中心的管理系统技术架构

基础设施层包括计算资源池、存储资源池、网络资源、组件接入和基础服务。数据资源层包括原始数据库、数据分类分级库和画像数据库。支撑层包括数据采集管理系统、数据分析管理系统、数据规则引擎、数据应用管理系统和应用接入管理系统。应用层包括公共服务可视化、公共服务管理系统、各类公共服务平台、线上公证管理系统、溯源标识管理系统和运营维护管理系统。

二、公共技术组件

全球溯源公共技术组件是为实现多个区域或行业全球溯源中心管理系统之间、区域或行业全球溯源中心管理系统与"溯源+"应用之间的互联互通，按照全球溯源体系理论、标准和规则建设的由一系列接口、服务组成的溯源数据交换平台。

全球溯源公共技术组件提供的服务包括但不限于：

（1）组件的注册服务；

（2）接入终端的注册服务；

（3）终端服务的定位服务；

（4）重定向服务；

（5）代理服务；

（6）应用扩展服务。

三、开放应用

依托全球溯源中心的公共技术，有效应用商品全生命周期溯源数据，可扩展形成服务于行业或领域的各类开放应用，体现在如下两点。

一是基于溯源的政府管理应用，辅助精准监管，如辅助海关口岸管理的溯源辅助信息系统，形成事前"源头可溯、风险可控"，事中"守信便利、失信惩戒"，事后"去向可查、责任可究"的全链条闭环辅助监管；二是溯源的市场业务应用，推动"溯源+"新型模式诞生，如"溯源+金融管理""溯源+供应链管理""溯源+贵重商品""溯源+平行进口汽车""溯源+农产品"等相关的全新应用。

第二节 全球溯源中心的技术创新特点

一、去中心化的系统结构

全球溯源中心以节点化的方式，组成去中心化的系统结构，要求各个区域或行业全球溯源中心管理区域内的数据资产，通过分布式部署保障了各个全球溯源中心数据管理的独立性，满足了各个节点对大数据高效处理、数据高并发快速访问的需求。同时，它使用公钥密钥进行数据加密，保障数据在存储状态或传输过程中不被窃取、解读和利用，确保数据安全。全球溯源中心去中心化的系统结构由规则体系层、数字经济公共基础设施层和开放应用层组成，如图2所示。

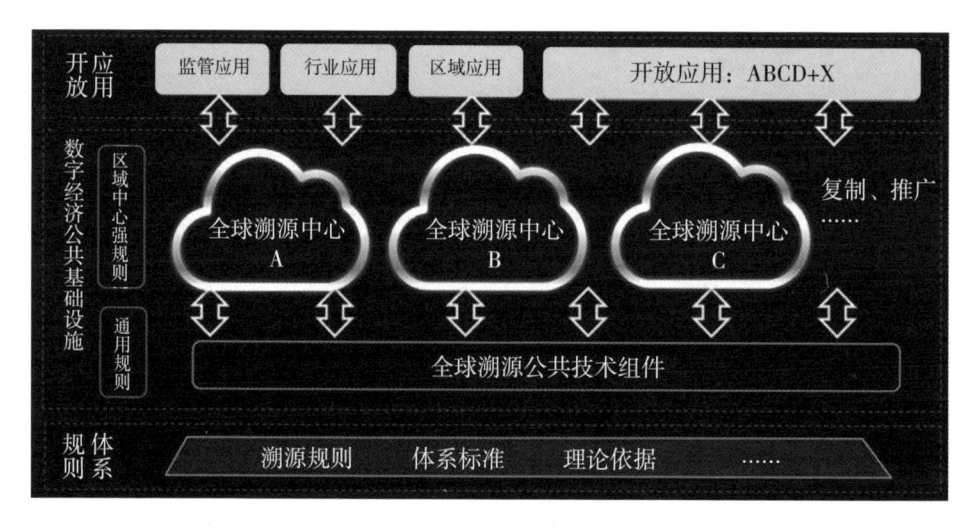

图2 全球溯源中心去中心化的系统结构

规则体系层包括全球溯源体系的理论依据、标准和规则，是以统一规则标准支持全球协同共建全球溯源中心，各个区域节点彼此平等、互联互通、自治管理。

数字经济公共基础设施层包括各区域或行业全球溯源中心管理系统及公共技术组件，聚焦溯源公共设施管理及服务的标准化，服务于溯源各参与方和应用方。

开放应用层是基于全球溯源体系规则，有效利用全球溯源数据搭建的服务于行业产业的全新应用。同时，全球溯源中心数字经济公共基础设施通过对人工智能、区块链、云计算、大数据等前沿信息技术的全开放，更好地为新技术提供各种应用场景，进一步推动技术革新。

二、链段论

以商品为原点，按照商品固有属性和商品附加属性分类展开，采集商品在不同主体、不同时间、不同空间下的数据，构成商品链段。通过商品链段，使商品状态在数字世界中由混沌变为清晰、有序、结构化，为商品价值传递的实现提供理论基础。商品链段是全球溯源体系的理论成果之一，在数据采集、识别、标识、追责、应用、共享和交互等数据处理过程中发挥指导作用。

商品链段应用案例——"三链三段"数据融合

根据商品链段抽取商品在价值传递过程中的三个主体链条：品质发起人（生产商/品牌商）、品质干预人（贸易商/服务商）和品质体验人（消费者），结合商品的质量、价格和物流环节的信息，形成了"三链三段"的数据融合，以探寻"什么商品在转移、给谁，以及来自哪里"数据背后所隐含的真正的价值（涉及买方、卖方或所有者）信息。

商品从生产者到消费者的流通过程中，不断地产生新的信息，如物流信息（包含物流时间、物流方式以及途径）；同时商品在价值传递过程中，不同责任主体也会产生如价格信息、质量反馈信息等信息。

"三链三段"给出了商品关注的三个主要维度，即商品的质量信息、价格信息和物流信息，也就是商品从品质发起人到品质体验人的价值传递过程中的信息。对于商品质量而言，品质发起人是商品的生产者或是品牌商，其在商品质量信息中处于关键位置，商品从生产者到贸易商，最终到消费者，这个传递链条可以根据采购信息和反馈信息，进一步描述和强化该商品的信息，获取商品更加完整的信息和图像。

"三链三段"体现了各种数据的融合，实现了信息和数据之间的自由流动，实现了跨境关联以及融合，最终形成新的关联模式。这种方式可以解决商品在不同环节的数据的信息不对称，破除时间和空间的限制，实现数据之间的更多关联，发现并重构价值，让商品在不同主体、不同类型下的数据成为高度关联的整体，最终形成新的数据形态，精准实现商品画像。

三、数字画像

根据商品链段，商品在生产、贸易、流通、消费等全生命周期信息，即显示为商品数字画像。按照商品链段理论生成的商品画像，从任一具体分类切面出发，可以观察到商品在该分类下由于主体、时间和空间的变化而产生的直接影响或间接影响、连续性变化或非连续性变化。

在商品全生命周期过程中，所有与商品发生关系的全部参与者从各自维度提供与商品价值相关的信息，从各个维度收集到的碎片化的信息不断叠加、校验，再经过智能化的整合，形成动态商品数字画像。随着数据的沉淀和积累，采集的"点"越来越多，画像就越清晰，也就越能真实地反映商品的价值。

四、风险识别技术

针对不同维度的共建方不断共享、反馈、监督商品价值信息，全球溯源中心通过运用全新的链段分类理念、商品画像理念和自我学习进化理念，对商品从生产到消亡的全生命周期进行风险识别、风险防控，从而实现对商品从微观管理到精准宏观管理的转变。

通过风险管理闭环，风控体系输出的即时决策信息与核验信息及时反馈到风控模型，影响商品风控权重。在长时间的实践中，完成对风控模型的动态核验和修订，从而更为精确及时地识别风险，实现风控模型的自我学习、自我进化。

全新的风险识别技术，通过风险防控机制引领风险监控管理工作，通过风险分级提升风险评估和管理的科学性；通过微观主体向宏观行业转变，实现对市场发展动态和产业结构变化的精准预判。

第三节　全球溯源中心的数据安全保障

一、数据安全保障

全球溯源中心在设计之初就构建了完备、先进的信息化架构，运用当前先进性的信息化技术和理念开发了全球溯源中心数字经济公共基础设施。同时，其理论体系通过设计协同共建方这一共建方类型，引入能提升全球溯源中心信息系统建设水平的共建方，持续不断地优化和提升信息化水平，在技术层面上确保数据的安全。

具体而言，全球溯源中心通过以下两方面保障数据安全。

一是全球溯源体系规则。全球溯源体系设置严格的数据规则，对每类共建方设置数据使用权限。数据基于全球溯源体系规则授权使用，用户有权决定哪些数据是共享的，不共享的数据只能通过登录自己的账号使用。全球溯源中心的溯源查询是针对生产企业、贸易企业、物流企业、消费者、监管部门等不同角色，分级展示了商品信息、监管结果信息、物流信息、溯源证书等商品价值信息。充分考虑到保护商业机密的需求，所有共建方只能在授权范围内获取溯源数据，并规定只能在授权范围内使用溯源数据，进一步确保了共享数据的安全。

二是数据安全技术。在数据存储安全方面，隐私、敏感数据加密存储；在数据传输安全方面，数据在传输过程中基于SSL/TLS加密；在数据计算安全方面，数据计算的使用基于用户的授权，采用安全计算技术，数据处理不离开全球溯源中心；在数据展示安全方面，界面敏感、隐私数据脱敏展示。

二、数据共享保障

遵循全球溯源体系"共建共享、真实安全、开放便利"的基本原则，按照全球溯源体系的规则和标准，共建方自愿加入全球溯源中心，共建全球溯源商品数据库、授权应用溯源数据、共享溯源数据价值。

数据共享的前提是在全球溯源体系内完成数据确权，区域或行业全球溯源中心记录溯源数据的来源系统、来源主体、采集时间等，确定溯源数据的构成权属。一是数据共建方在全球溯源中心内提供商品溯源数据，拥有其提供的溯源数据的所有权。二是共建方拥有被授权共享的溯源数据的应用权。三是支撑共建方拥有所在区域或行业全球溯源中心的溯源数据的管理权。

数据共享的核心是让溯源数据在全球溯源体系内高效安全地流通起来，实现手段如下。

一是通过《区域强规则》《通用规则》和《自定义规则》实现数据共享。

二是采用数据加密、身份认证等保密措施，确保溯源数据采集过程的安全性。

三是采用数据ID标签和数据时间戳标签，数据写入后不允许修改，保证数据不可篡改。

四是采用防止网络入侵、访问认证控制、数据加密、数据备份与恢复、数据安全审计等手段，保障溯源数据的存储安全。

五是采用安全计算技术，保证数据共享和计算时的安全，保护用户隐私。

第四节 全球溯源中心的系统能力

全球溯源中心作为数字经济公共基础设施，其系统能力主要体现在三个方面。

一是"物到数"的转化能力。系统形成多源异构数据的安全采集、快速识别、多维标识，溯源数据的授权共享、应用监控、高效交互等一系列技术方法，实现"物到数"的转化，形成趋真的数字画像。

二是"区域数据管理"的能力。系统按照标准方式打造，可快速复制、独立部署，与其他区域系统互联互通，形成去中心化的网络结构。系统实现区域数据管理可视化，全过程数据风险可识别、可处置，立足区域服务全球。

三是"开放应用"的能力，系统既能向上下游共建方开放，也能向社会治理、民生服务、政府监管、加工制造、贸易流通等领域开放。在遵循全球溯源体系数据规则的前提下，各方都可以参与溯源数据的共建共享。

第五章
全球溯源中心的公共服务平台

第一节　检验检测公共服务平台

检验检测认证认可是市场经济下质量管理的有效手段，为国内外贸易和监管提供信任传递，被称为质量管理的"体检证"、市场经济的"信用证"、国际贸易的"通行证"。随着工业革命带来技术发展和贸易发展的需要，国内外逐渐出现了一批优秀的第三方检验检测机构，为社会提供产品安全测试、商品鉴定等质量服务，在产品质量安全保障、质量提升、贸易便利等方面发挥着重大作用。

一、检验检测公共服务平台简介

商品质量信息是商品价值的重要组成部分，全球溯源中心作为数字经济公共基础设施，集聚了全球商品，旨在传递商品的真实价值。为尽可能提高商品质量信息的广度、深度和可信、可靠度，同时也便于各共建方提供和获取检验检测认证认可相关服务，全球溯源中心打造了专门为共建方提供检验检测认证相关业务领域服务的公共服务平台，吸引全球一流的检验检测认证要素聚集南沙，立足粤港澳大湾区服务全球。全球溯源中心检验检测公共服务平台连接全球商品相关企业与一流检验检测机构，提供检验检测需求发布、检验检测能力展示、检验检测服务合作、检验检测证书报告核验等功能，是实现商品质量价值传递的专业服务平台。

二、检验检测公共服务平台特色

一是公平开放。全球溯源中心的检验检测公共服务平台面向所有溯源共建方和检验检测认证服务商公平开放，为服务商提供平等多维的能力展示，并支持其为所有参与溯源的企业提供符合市场需求的检验检测认证服务。

二是价值互通。检验检测公共服务平台价值互通，检验检测认证机构出具的证书为全球溯源中心闭环数据的真实性提供了基础，为商品相关方赋能，数据共建方提供的质量信息数据可以在全球溯源中心得到真伪验证，证书结果数据的高效流通、多方应用可以让报告证书以数字化形式流通和应用，变得更有价值，同时为检验检测的数字化提供了便利。

三、检验检测公共服务平台作用

检验检测公共服务平台实现了"证书会说话"和"证书广流通"，打破了过去商品质量信息传递的环节桎梏，让证书报告不仅流通于单个贸易环节，还可以在全产业链相关方中流通、采信，节约了贸易成本，提高了贸易流通效率。多方校验的证书报告可以辅助监管部门精准管控风险，推进贸易便利化。检验检测公共服务平台高效赋能检验检测机构，一方面可低成本实现服务机构的数字化转型，将其出具的证书报告数据资产化，以数字技术和数字资源促进产业产出和效率提升；另一方面为服务机构提供海量的业务机会，让其自主自愿获取客户资源。检验检测公共服务平台引领良品生态，通过商品的溯源，让作为商品溯源数据重要组成部分的证书信息在商品流通过程中得到高频次曝光，平台的证书核验机制让假证书无处遁形，促进营造良币逐劣币的市场商业生态。检验检测公共服务平台可成为检验检测认证等证书国际互通互认的核查媒介，推进第三方结果采信，优化资源配置，为国际市场的规则对接奠定良好基础，"倒逼"国内产品生产质量安全水平提升，打造"中国制造"的金字招牌，进而提高国内企业和检验检测认证机构的国际市场参与度，促进内外贸易资源要素顺畅流动，形成高质量、高标准的贸易新模式。

作为全球溯源中心四大公共服务平台之一的检验检测公共服务平台，已经吸引了国内外的一流检验检测认证机构加入其中，结合全球溯源中心的商品集聚效应，可为全球的商品相关方提供多元、便利、透明的检验检测认证服务，推动货物流通和贸易便利的高效、低成本发展。

第二节　知识产权保护公共服务平台

知识的本质是一种信息，是无形的、可流动的，知识可以成为财富，知识产权也往往与商品伴生。全球溯源中心作为数字经济公共基础设施，具备将"现实的物"转化为"虚拟的数"的能力，而其转化的物往往也凝结着商标、专利、著作权等知识产权。

一、知识产权保护公共服务平台的介绍

为了充分发挥数字经济公共基础设施的基石作用，在数字时代下保护各方知识产权，全球溯源中心构建了知识产权保护公共服务平台，打造了全新的知识产权保护模式，它通过源头追溯、实时监测、智能识别，着力提升打击侵权行为的力度和精准度，营造良好的知识产权保护生态。

二、知识产权保护公共服务平台的三大特色

一是汇聚全球商品知识产权信息，形成全球知识产权数据库。数据共建方自主自愿在全球溯源中心上传自有知识产权信息或被授权的知识产权信息，社会各方通过共享商品信息及反馈消费体验来补充信息，多元参与，互联互通，传递合法权益信息，暴露侵权信息，打破原有以企业为主导的个体知识产权保护体系的局限性，形成社会各界，包括企业、监管部门、消费者等共同参与，协同实现对商品全生命周期中各方知识产权的有效保护。

二是集聚全球知识产权服务商，提供全方位知识产权保护服务。知识产

权保护公共服务平台面向全球知识产权保护服务商公平开放，各服务商向数据共建方提供包括知识产权咨询、申请、用权、维权在内的全链条服务，以全地域、全领域、全天候的服务助力企业知识产权全球布局、最大化运用和全方位保护。知识产权保护公共服务平台，解决了供需双方专业水平不一、服务认知不对称、供需资源不匹配的痛点。服务商可以在全球溯源中心公示自身服务能力，其他共建方可直接向全球知识产权服务商发起服务需求，供需双方公开透明，自主自愿合作，提升服务效率，有利于推进建设公平有序的知识产权行业秩序。

三是借助全球溯源中心知识产权数据库的大数据比对能力，为共建方提供知识产权风险提示。数据共建方在全球溯源中心共享其拥有的或经授权的知识产权后，全球溯源中心对全球知识产权数据库进行比对校验，如该知识产权信息与中心内已登记的知识产权信息存在相似之处，中心将把该相似情况同步推送给全部相关企业进行参考，助力企业前置判断是否有侵权或被侵权风险，启发其知识产权全球布局的需求。

三、知识产权保护公共服务平台的新能为

随着全球知识产权信息与全球优质知识产权服务商的汇集，全球溯源中心将有效拓宽知识产权用权途径，提升全社会的知识产权侵权风险防控能力。依托全球溯源中心的数据多维校验机制，平台将知识产权信息在消费者、企业和监管部门之间直接有效传递，让消费者可以根据溯源信息自主判断商品真伪，形成良好的反馈链条，逐步推动公众对知识产权保护的认知和认可，有力塑造社会消费信心；让企业增强对产品质量和产权保护的总体关注，实现整个行业产业的环境净化，共同打击假冒、伪劣等恶性竞争行为，压缩直至消除侵权者的生存空间，肃清市场，营造以质量和品质为追求的良性竞争环境；让监管部门更快速地发现侵权违法行为，及时获知和核查投诉举报或线索通报，采取效率更高的监管措施，打击假冒伪劣行为，保护合法知识产权，促进市场知识产权创造质量提升。

四、知识产权保护公共服务平台的应用实践

知识产权保护公共服务平台积极与司法及行政监管部门联动，实现数据共享、信息互通，通过多方合力共同打造良好的营商环境和公平公正的法治化环境，共同助力企业知识产权的创造、使用和权益维护。例如，2022年5月10日，南沙区人民法院、南沙区人民检察院、南沙区科技局、广州市公安局南沙区分局、南沙区司法局、南沙区市场监督管理局（知识产权局）、南沙区综合行政执法局、南沙区政策研究和创新办公室、南沙海关等九家单位共同签署了《中国（广东）自由贸易试验区南沙新区片区知识产权全链条协同保护机制框架协议》，明确相关行政机关全部加入全球溯源中心，充分发挥全球溯源中心数字经济公共基础设施作用，共享中心内知识产权风险信息，加强协同保护，发挥全球溯源中心辅助知识产权保护监管效能。

第三节 消费者权益保护公共服务平台

一、消费者权益保护公共服务平台简介

消费者权益保护公共服务平台汇集以商品为核心的全渠道消费者权益保护信息，面向全球政府、企业、消费者免费开放，联动监管部门、消费者权益保护管理单位、企业等，对商品质量、消费反馈等具体问题进行处理，形成消费者、企业、政府部门等多方参与的全新的消费者权益保护机制，全方位、多渠道保障消费者的合法权益。全球溯源中心为全球消费者提供了App、小程序、电脑端等快捷方便的反馈、维权渠道，消费者在维护合法权益的同时，主动共享商品价值信息，参与商品质量共治。

二、消费者权益保护公共服务平台特色

一是多方参与共同保障消费者的合法权益。秉持"共建共享、真实安全、开放便利"的基本原则，数据共建方通过全球溯源中心共享商品的质量信息、贸易信息、监管应用信息、消费者反馈等商品全生命周期的真实价值信息，形成消费者、企业、政府部门商品价值传递的良性互动和闭环设计。同时由地方政府主导、监管部门共同参与、商品相关企业落实跟进，协同处理消费反馈，共同保障消费者的合法权益，实现消费者诉求有效触达商品相关企业和监管部门。

二是联动公证法律机构提供消费者权益保护服务。全球溯源中心创新引入公证法律机构，为数据共建方提供消费者权益保护服务，鼓励消费者积极维权。当消费者的合法权益受到侵害时，可直接通过消费者权益保护公共服务平台进行维权，委托公证法律机构对声明失实企业进行法律追责，解决了消费者"维权难，难维权"的社会痛点，提升维权便捷度，降低维权成本，让维权更放心、更可靠。

三、消费者权益保护公共服务平台作用

1.对于消费者

消费者作为数据共建方，享有知情权、反馈权和追责权。消费者通过"一键溯源"，便可快捷获取溯源商品在生产、贸易、流通、消费全生命周期过程中产生的信息；通过"一键反馈"便可便捷表达对商品的真实看法和消费体验，反馈信息直接触达商品相关的监管部门和上下游企业，多方参与共同保障消费者权益。当消费者的合法权益受到侵害时，还可以通过全球溯源中心"一键维权"获取消费者权益保护服务，委托公证法律机构进行追责，高效维护自身的合法权益。

2.对于企业

依托全球溯源中心，溯源商品相关上下游企业均可便捷获取全渠道的商

品消费信息，直接听取消费者的真实诉求，快速响应消费者反馈，实现与全球消费者高效实时互动。生产企业可以直接基于用户体验优化产品质量，改进生产经营方式，打造具有全球竞争力的产品服务，促进企业高质量发展。借助全球溯源中心商品价值的传递能力，企业可实现使商品价值信息快速触达全球消费者，提升品牌知名度与美誉度。

3. 对于政府

依托全球溯源中心，政府部门可便捷、全面地获取消费者反馈信息，实现溯源数据和监管数据的有效结合，辅助政府部门做出更精准的监管决策，多元共治实现监管的前伸后延，有效提升数字监管效能和政务服务效能，进一步提升人民的幸福感，提高当地的数字治理能力。

第四节　溯源产业公共服务平台

一、溯源产业公共服务平台简介

溯源产业公共服务平台是促进与溯源相关的各产业发展的支撑平台，该平台为溯源相关产业提供应用、宣传、交流服务，旨在带动溯源产业要素资源集聚和溯源产业链发展，发挥全球溯源中心的社会经济效能。

二、溯源产业公共服务平台特色

溯源产业公共服务平台的建设与发展遵循全球溯源体系"共建共享、真实安全、开放便利"的基本原则，一是溯源产业公共服务平台向全社会、全行业、全领域开放。在该平台中，共建方和游客均可提出溯源产业搭建需求与建议，对于有需求的共建方，在遵循全球溯源体系规则和要求的前提下，可通过该平台方免费接入全球溯源中心。二是全球溯源中心通过该平台，提供全方位、多层次、专业的溯源产业相关公共服务，支撑现有行业服务于全球溯源体系，为全球溯源体系内各共建方提供服务，聚合商品相关全产业和全行业，逐步打造完善的全球溯源生态。三是支持不断探索全球溯源中心作为数字经济公共基础设施在各类行业产业中的创新应用，基于数据共建方授权的溯源数据，有效挖掘与运用，搭建全新应用场景和商业模式，催生"溯源+"新生态产业链。

三、溯源产业公共服务平台作用

溯源产业公共服务平台具备以下功能：提供可共享共用的软硬件设施设备和信息资源等要素支撑，为溯源产业链上下游企业的发展提供政策信息、供应链金融、知识产权、产业大数据、人才培养等公共服务，打造粤港澳大湾区的溯源产业孵化基地。

一是为溯源产业链上下游企业的发展提供政策信息、供应链金融、知识产权、产业大数据等公共服务及配套服务产业链，打造溯源孵化产业基地。

二是鼓励、支持产业、创业团队，进行溯源技术、溯源应用的产业孵化。

三是支持与孵化产业配套的服务产业，发挥"溯源+"商业模式创新功能，不断培育新兴产业模式，加速产业聚集发展。

四、溯源产业公共服务平台应用成效

搭建溯源产业公共服务平台，培育新兴产业模式，加速产业聚集。目前南沙全球溯源中心的落地已逐步构建起溯源标识服务产业链、知识产业保护产业链、检验检测服务产业链、公证法律服务产业链，形成了溯源配套产业链集聚的雏形，加速当地产业集聚发展，助力打造战略新兴产业链集群。

通过溯源产业公共服务平台，结合各行业、各产业、各领域特点，挖掘不同的行业特色和业务场景需求，辅助创新业务模式、辅助风险管理、挖掘数据价值，实现数据的再应用，形成全球溯源中心在新业态、新模式下创新性的"溯源+"开放应用。目前，已经探索的业务模式有"溯源+金融""溯源+农业""溯源+碳足迹""溯源+二手车出口""溯源+服务贸易""溯源+信用""溯源+辅助监管""溯源+物流协同"等丰富的"溯源+"应用模式。未来，平台将持续支持和培育更多的"溯源+"应用模式，以数字化赋能企业行业发展，增添竞争新优势，形成经济增长新动能。

第六章
全球溯源中心的标准化建设

第一节　全球溯源中心标准化建设价值

标准是通过标准化活动，按照规定的程序经协商一致制定，为各种活动或其结果提供规则、指南或特性，供共同使用和重复使用的文件。标准作为经济活动和社会发展的技术支撑，发挥着重要的规范性作用，也是基础性制度的重要体现。2021年10月，中共中央、国务院印发《国家标准化发展纲要》，明确标准化在推进国家治理体系和治理能力现代化中发挥着基础性、引领性作用。

全球溯源中心在创设之初，就明确了以标准化手段推动其复制、推广与应用。历经多年实践，全球溯源中心基于自身规范和定位，实现了从理论规则到应用工具的建设。它在标准化建设方面规划了从理论规则标准化到服务标准化，再到应用标准化逐步递进的发展思路，全面规范全球溯源体系的共建行为、服务行为、信息化建设、溯源应用等内容，形成一个有机科学整体，实现了从理论向标准化的转型，为全球政府、企业、消费者在参与溯源共建时提供了统一的技术要求、服务要求和管理要求，实现以统一的标准规范推动全球溯源体系广泛应用和全球溯源中心建设运营有章可循，彰显自贸区制度创新的规则引领，为数字经济社会治理提供国际范本。全球溯源中心标准化建设的价值具体体现在以下五个方面。

一是有利于打造数字经济公共基础设施标准规则。全球溯源中心标准化建设有效填补了全球溯源体系理解和应用的指导空白，形成统一的规则标准，推动全球政府、企业、消费者各方积极参与、共建共享，更大范围地实现商品价值的真实传递和贸易便利化，具有较强的先进性和实用性，避免了各种形式的"溯源"良莠不齐，各种溯源技术要求不一、标准不

一、做法不一、尺度不一，造成重复建设、资源浪费。全球溯源中心标准化建设使全球溯源中心实现了建设、运营和应用有章可循，形成有机、高效运行的整体。

二是对标国际做法，以标准推动全球共建数字经济公共基础设施。全球各地监管要求不同、规则不同，导致数据流通受阻，不利于数据作为数字经济生产要素的全球流通。全球溯源中心作为数字经济公共基础设施，去中心化设计让其成为推动数字经济发展的有力工具。但是，这个工具的全面推广和广泛应用，需要各参与方共同理解并遵守其规则，因此以标准化的手段使规则明确，便于全球共通共用，助推全球规则衔接和制度对接，助力各类要素资源快捷流通，市场管理机制相通，各类市场主体加速融通，帮助全球市场主体产业链联通，经济循环畅通。

三是抢占标准竞争的制高点，有利于构建数字贸易治理新规则。随着全球经济一体化进程的日益深入，建立统一消除贸易壁垒、公平竞争的市场"游戏规则"，已经为世界各国所认同。全球溯源中心作为数字经济解决方案的有力工具，全面汇集商品全生命周期各个阶段的碎片化信息，多维验证，让商品数据来源更为全面、价值信息更为精准、风险研判更为智能，为创新驱动发展提供支撑。全球溯源中心赋能政府治理更智能便利，帮助企业低成本实现数字化转型升级，为消费者权益维护提供支撑，满足人们对美好生活向往的需求。因此，将全球溯源中心的规则标准化，以标准化手段抢占数字时代规则制高点，能够使各方遵守共同的游戏规则，创建全新经济形态和社会治理形态，形成全新的"溯源生态"，促进社会向数字时代高质量发展。

四是有利于构建数字贸易的全球价值链。长期以来，我国主要以加工制造环节融入全球价值链，而价值链两端的生产性服务业参与全球价值链的程度较低。全球溯源体系由全球商品关联方共建共享，多主体、多维度地贯穿商品全生命周期，向各国政府、企业、第三方机构以及消费者全面开放，以最低成本实现全球贸易商品价值的真实传递。通过标准化建设，全球溯源中心使全球数字经济规则畅通，促进我国与"一带一路"沿线国家的商品和服务贸易，推动相关国家积极融入我国主导的全球价值链，促进全球数字贸易高质量发展，助力开拓国际分工的新局面。

五是有利于为建立合作共赢的国际贸易新规则提供"中国方案"。全球溯源中心在建设过程中实现标准化、工具化，推动标准化工具复制推广，通过南沙样板向全国乃至全球推广，实现工具化应用，依托中国作为世界第一大制造国、第一大贸易国和庞大消费市场的巨大优势，实现数字时代下的全球规则共建、互联互通，形成"规则共识、价值共识、行为共识"，共同推动国际贸易的融合发展，为构建合作共赢的国际贸易新规则打下坚实基础。

第二节 全球溯源中心标准化建设规划

标准是经济活动和社会发展的技术支撑，是国家基础性制度的重要方面。标准化在推进国家治理体系和治理能力现代化中发挥着基础性、引领性作用。全球溯源中心作为全新的数字经济公共基础设施，可以服务于数据时代背景下的全行业、全领域，其涉及的范围之广、影响之大，迫切需要统一的标准指导社会各界理解和应用。标准化的目的不是为了固化，相反是为了创新，是为了能保持持续创新的能力。

全球溯源中心全面梳理内在的理论规则、基础设施的构建和中心服务应用等方面的内容，制定了对标国际、主动创新、递进发展、逐步完善的建设思路。为此，全球溯源中心标准化规划制定了以下三步走路线：一是全球溯源中心理论标准化；二是全球溯源中心服务标准化；三是全球溯源中心应用标准化。

一、全球溯源中心理论标准化

依托全球溯源体系理论规则，从实际出发构建一套完整的、权威的、系统性强的标准体系，编制形成较强的可操作性和前瞻性的标准有机整体，即全球溯源体系标准体系。全球溯源体系标准体系是从理论规则的角度来构建的，旨在对全球溯源体系生态运行的底层逻辑规则进行标准化，完成从理论到标准的转型，以统一的标准推动全球溯源体系的广泛应用和全球溯源中心互联互通。采用标准化的手段全面解决在全球溯源中心复制、推广、应用过程中，各方理解不一、做法不一、尺度不一、应用不深等问题，为全球溯源体系的发展应用提供适用于各方的统一指南，进一步发挥全球溯源体系服务能级，持续提升贸易便利化水平，推动数字经济高质量发展，重塑以价值为导向的国际贸易生态链，推动建立基于共建共享的国际贸易新规则。

通过建立全球溯源体系标准体系，规划全球溯源体系标准体系的总体框架和发展蓝图，为全球溯源体系标准制修订计划和标准化工作部署提供重要依据。

二、全球溯源中心服务标准化

全球溯源中心是全球溯源体系落地的载体，是全球溯源体系运行的基础设施性支撑，全球溯源中心服务标准化是从提升全球溯源中心公共服务效能的角度开展的标准工作，其标准化对象为全球溯源中心服务和管理的全过程。通过将全球溯源中心公共服务的相关内容进行标准化，为各地建设和运营全球溯源中心提供基础性和标准化指导，从而提升全球溯源中心的公共服务水平，确保各地全球溯源中心为共建方提供统一的公共服务，支撑去中心化的溯源生态统一、高效运行，助力解决目前社会普遍存在的数据质量参差不齐、数据协同信息量不足、数据信息的应用不足等问题，促进全球溯源体系跨行业、跨领域、跨地域延展应用，推动全球溯源中心在各地快速得到复制推广。

全球溯源中心服务系列标准作为规范全球溯源中心服务的标准规范，是全球溯源体系规则标准的重要组成部分，有助于全球溯源中心的服务得到准确、具体的实施。建立全球溯源中心服务标准体系，梳理全球溯源中心建设和服务的内容，规范服务质量，完善全球溯源中心设施设备、人员配置，推动全球溯源中心成为全球数字经济公共基础设施。

三、全球溯源中心应用标准化

全球溯源中心作为数字经济公共基础设施，在各个行业、领域的应用，必然带来行业的改变，有利于改善业务流程，降本增效，或是创建新的商业模式，促进新的经济增长。全球溯源中心以先进标准引领高质量发展，为全球溯源中心在各个领域的深入应用提供重要的技术支撑。譬如，在"溯源+二手车出口"的应用推广中，依托全球溯源中心，研究出口二手车的车辆全生命周期溯源链，探索建立二手车出口交易、监管、整备和售后服务的规范标准体系，助力推动树立中国二手车出口品牌，实现二手车产业链的可信生态圈；在"溯源+离岸贸易"中，发挥全球溯源中心真实性核验标准的数字化优势，为不同银行、不同部门间提供一致的辅助审核信息，解决数据来源的真实有效、合理存储等难题，通过相关规则和做法标准化，推动优秀做法在更大范围内应用推广，促进社会整体高效发展。

未来，全球溯源中心将持续提升标准化能力，持续完善高质量发展的标准体系，进一步扩展标准在应用推广领域的支撑性和指引性作用，帮助各共建方依托全球溯源中心实现数字化转型，以数字化赋能融合发展。

第三节　全球溯源中心标准化建设成果

全球溯源中心自创建以来，强化标准化建设，经过多年积累，在标准化建设方面已经打下了扎实的基础，在各共建方、专家学者的共同支持下，全球溯源中心标准化建设取得了比较显著的成果，已经具备向社会全面推广的条件。

一、全球溯源体系标准体系

全球溯源体系标准体系是全球溯源中心在理论层面的标准化建设成果，是秉持"共建共享、真实安全、开放便利"的基本原则，结合"1个理论体系+1个运营中心+1套公用技术+N个功能平台"的建设模式而制定的标准体系。按照全球溯源体系内容属性进行结构层级划分和设计，全球溯源体系标准体系由总体标准体系、共建标准体系、信息化标准体系和溯源中心运营标准体系四个标准子体系组成，整个标准体系做到了整体性、科学性、开放性、协调性和先进性。

（一）全球溯源体系标准体系框架

全球溯源体系标准体系分为三个层次，第一层为总体标准体系，第二层为共建标准体系和信息化标准体系，第三层为溯源中心运营标准体系。其中：

（1）总体标准体系是全球溯源体系标准体系的源，对共建标准体系和信息化标准体系有指导作用。

（2）共建标准体系和信息化标准体系是全球溯源体系的具体化和支撑，通过不同视角分析全球溯源体系。共建标准体系是保障全球溯源体系运转、以全球溯源体系共建方为构成要素、规范共建内容而建立的体系；信息化标准体系是为满足全球溯源体系信息化建设需求，规范信息化技术、功能服务、功能要求而建立的体系。

（3）溯源中心运营标准体系是共建标准体系和信息化标准体系共同指导制约下的体系，主要针对全球溯源体系运营而制定。

全球溯源体系标准体系框架结构如图1所示。

（二）全球溯源体系标准体系框架说明

全球溯源体系标准体系由4个子体系组成。

（1）总体标准子体系。

总体标准是全球溯源体系所需的指导性、通行性的规范性文件，包括基础通用标准和溯源通用标准。

——基础通用标准：用于指导其他标准制定和实施的标准，如术语、标志标识等。

——溯源通用标准：为规范全球溯源体系自身属性而编制的标准。

（2）共建标准子体系。

共建标准是为规范全球溯源体系共建行为、优化溯源服务而编制的规范性文件，包括了共建方管理标准、服务质量标准、推广应用标准。

——共建方管理标准：规范全球溯源体系共建方类型、要求等的标准，如《全球溯源体系　共建方通则》等。

——服务质量标准：规范全球溯源体系服务范围、内容以及提供的方法、要求等的标准，如《全球溯源体系　服务分类与要求》等。

——推广应用标准：指导全球溯源体系推广应用工作的标准，如《全球溯源体系　全球溯源中心建设指南》《全球溯源体系　协同共建方应用指南》等。

（3）信息化标准子体系。

信息化标准是用于围绕溯源信息化建设所需的技术及管理要求而编制的规范性文件，包括溯源系统标准、溯源数据标准和溯源安全标准。

——溯源系统标准：规范全球溯源系统的技术架构和基础功能的标准，包括系统架构和系统对接，其中

系统架构：规范全球溯源系统的总体架构和关键功能的技术标准。

系统对接：规范系统接口管理，指导各类系统在统一的平台上进行对接的标准。

——溯源数据标准：规范溯源数据的标准，包括数据格式、数据采集、数据传输、数据处理等数据集成过程的技术要求和管理规定等。

——溯源安全标准：保障溯源数据、溯源业务和溯源信息化系统安全而采用的技术及管理要求。

（4）溯源中心运营标准子体系。

溯源中心运营标准是面向全球溯源体系运行需求而制定的规范性文件，用于指导溯源中心运营，包括运营管理标准和服务提供标准。

——运营管理标准：规范溯源中心的管理事项和工作机制的运作、实施、控制等的标准，如团队管理、工作制度等。

——服务提供标准：规范运营中心在实现服务过程中的服务提供要求、方法、程序等的标准，如展示、培训等服务规范及其服务提供规程等。

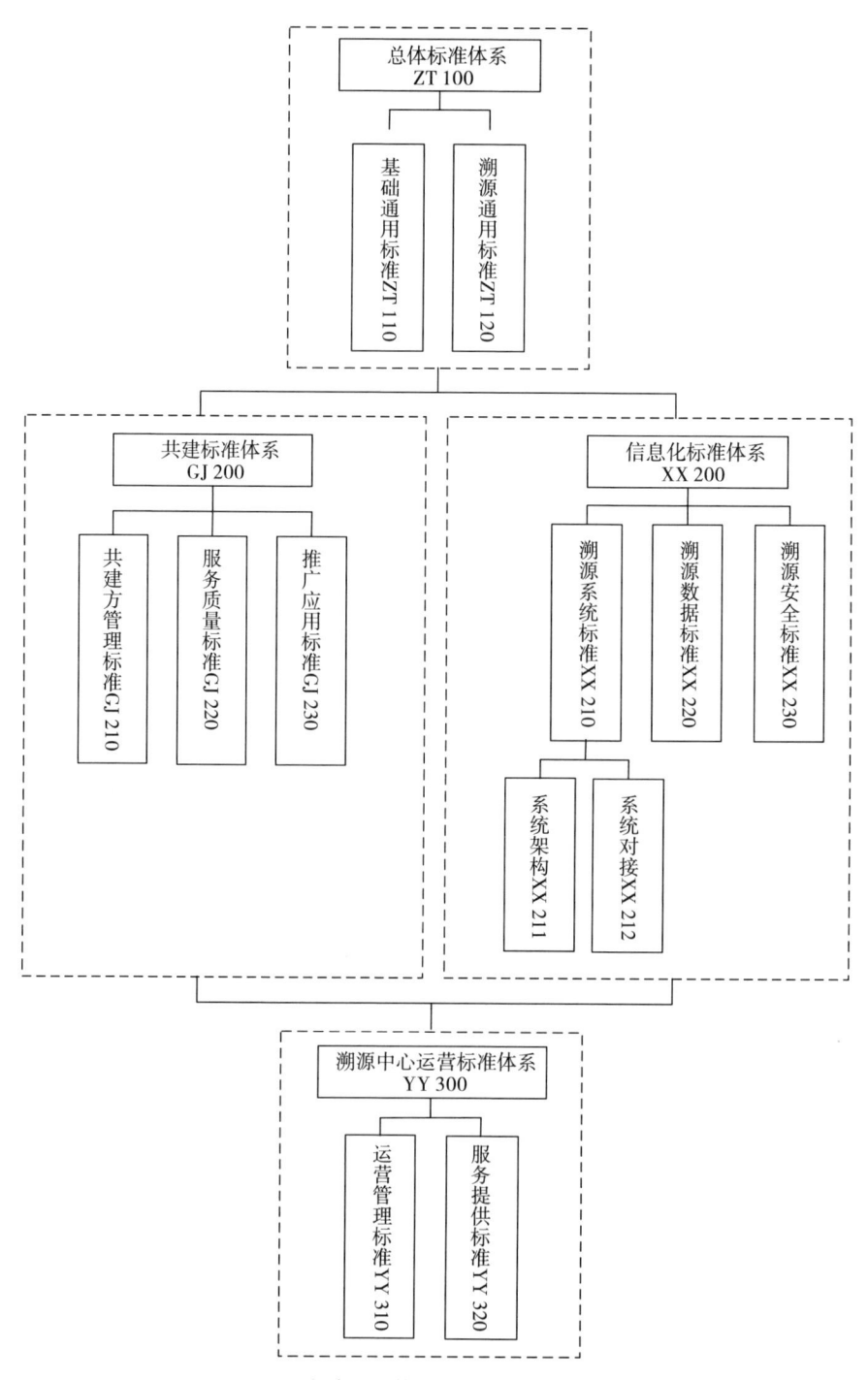

图1　全球溯源体系标准体系框架结构

二、全球溯源中心服务标准化试点

全球溯源中心作为全球溯源体系落地的载体，以实际运行需求为导向、以服务应用为核心，从服务层面对全球溯源中心进行标准化建设，其建设能力和成果获得国家标准化管理委员会（以下简称"国标委"）的高度认可，2021年3月，国标委批复全球溯源服务标准化试点成为第七批社会管理和公共服务标准化试点项目，是广州市唯一由政府机构承担的试点项目。

全球溯源中心以社会管理和公共服务标准化试点项目为抓手，全面构建了科学、协调、适用、有效的全球溯源中心服务标准体系，强化对全球溯源中心具体服务的指导性，有助于全球溯源中心服务得到准确、具体的实施，指导各地全球溯源中心建设运营的统一标准化，推动全球溯源中心快速成长为具备广泛社会影响力的全球数字经济公共基础设施。

全球溯源中心服务标准体系构建过程中，遵循重点突出、特色明显、全面成套、层次清晰、科学合理、适度超前的原则，以提升全球溯源中心服务质量、效益和效率为根本，搭建合理、层次清晰、内容全面的标准体系框架，标准体系内各标准之间相互协调补充，形成一个科学、合理、适用、先进的有机整体。同时，全球溯源中心服务标准体系从全球溯源中心的实际运行出发，运用标准化基本原理和全球溯源体系规则，使全球溯源中心服务不断适应形势变化，适度超前、动态发展，保持标准明细表的可扩充性，为新标准的发展预留空间。

（一）全球溯源中心服务标准体系框架

全球溯源中心服务标准体系是在GB/T 24421.2—2009《服务业组织标准化工作指南 第2部分：标准体系》的基础上，结合全球溯源中心的定位、运行情况、业务相关内容构建。全球溯源中心服务标准体系以"标准化法律法规及标准化试点相关文件""全球溯源中心服务适用的法律法规、规章、政策"

"全球溯源中心发展规划、定位"作为整个标准体系的上层指导，置于整个标准体系之上。全球溯源中心服务标准体系（总框架如图2所示）包括服务通用基础标准体系、服务保障标准体系和服务提供标准体系三大子体系。其中服务通用基础标准体系是服务保障标准体系、服务提供标准体系的基础，服务保障标准体系是服务提供标准体系的直接支撑，服务提供标准体系促使服务保障标准体系的完善。

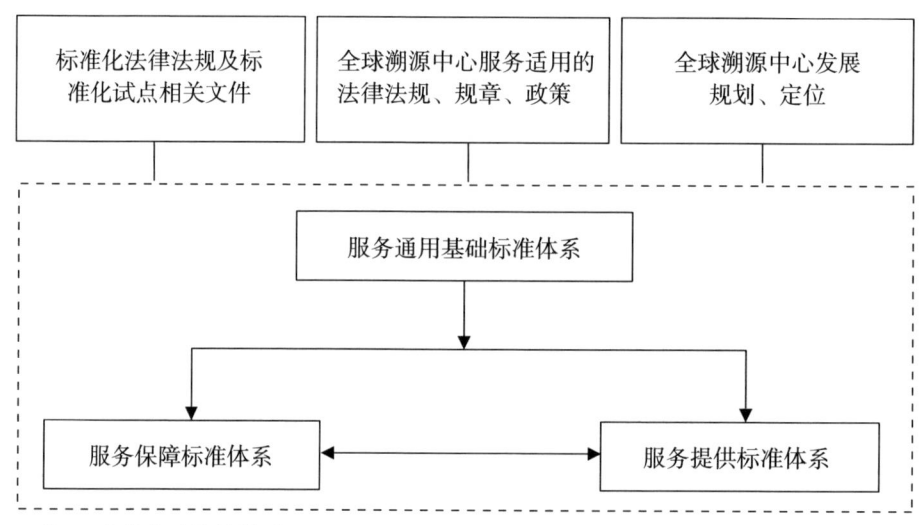

注1：实线表示指导关系。
  2：虚线内表示完整的全球溯源中心服务标准体系。
  3：带箭头实线表示直接作用。

图2　全球溯源中心服务标准体系总框架

（二）全球溯源中心服务标准体系框架说明

（1）服务通用基础标准体系（框架如图3所示）是被全球溯源中心普遍使用，具有广泛指导意义的标准，包括以下内容。

①标准化导则：适用于全球溯源中心服务标准化工作的相关标准。

②术语与缩略语标准：为全球溯源中心内部信息沟通所使用的概念、定义、内涵、较长词句缩短省略而收集、制定的标准。

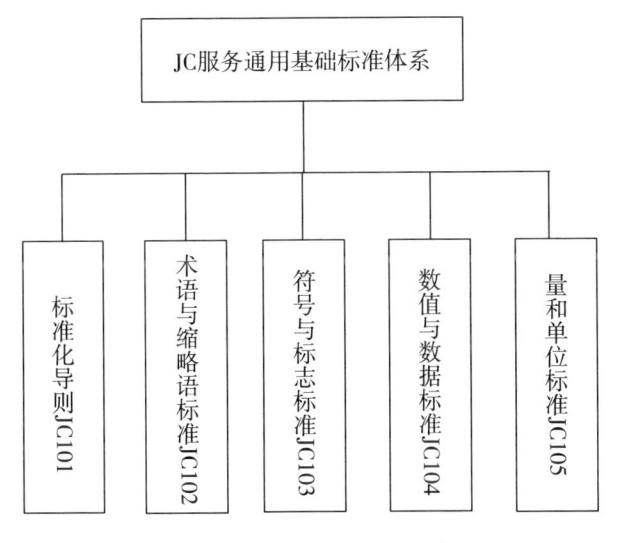

```
                    ┌─────────────────────────┐
                    │  JC服务通用基础标准体系  │
                    └─────────────────────────┘
         ┌──────────┬──────────┬──────────┬──────────┐
   标准化导则    术语与缩略   符号与标志   数值与数据   量和单位
   JC101         语标准JC102  标准JC103    标准JC104   标准JC105
```

图3　服务通用基础标准体系框架

③符号与标志标准：规范全球溯源中心中所使用的图形符号、标识标志，收集、制定的标准。

④数值与数据标准：全球溯源中心建设和运营活动涉及的数值和数据相关标准以及为溯源数据的判定与表示而收集、制定的标准。

⑤量和单位标准：全球溯源中心建设和运营活动涉及的量和单位相关标准。

（2）服务保障标准体系（框架如图4所示）是支撑全球溯源中心服务有效提供而制定的标准，包括以下内容。

①运营场所环境标准：结合全球溯源中心运营场所的环境条件、日常环境管理的要求，收集、制定的标准。

②安全与应急标准：以保护顾客生命和财产安全为目的收集、制定的标准。

③职业健康标准：针对全球溯源中心工作人员在工作过程中的健康损坏、安全危险及其有害因素收集、制定的标准。

④信息标准：用于规范全球溯源中心信息系统的设计、建设、管理和溯源信息要求而收集、制定的标准。

⑤财务管理标准：针对全球溯源中心费用报销管理而制定的标准。

```
                    ┌─────────────────────┐
                    │  BZ服务保障标准体系  │
                    └─────────────────────┘
```

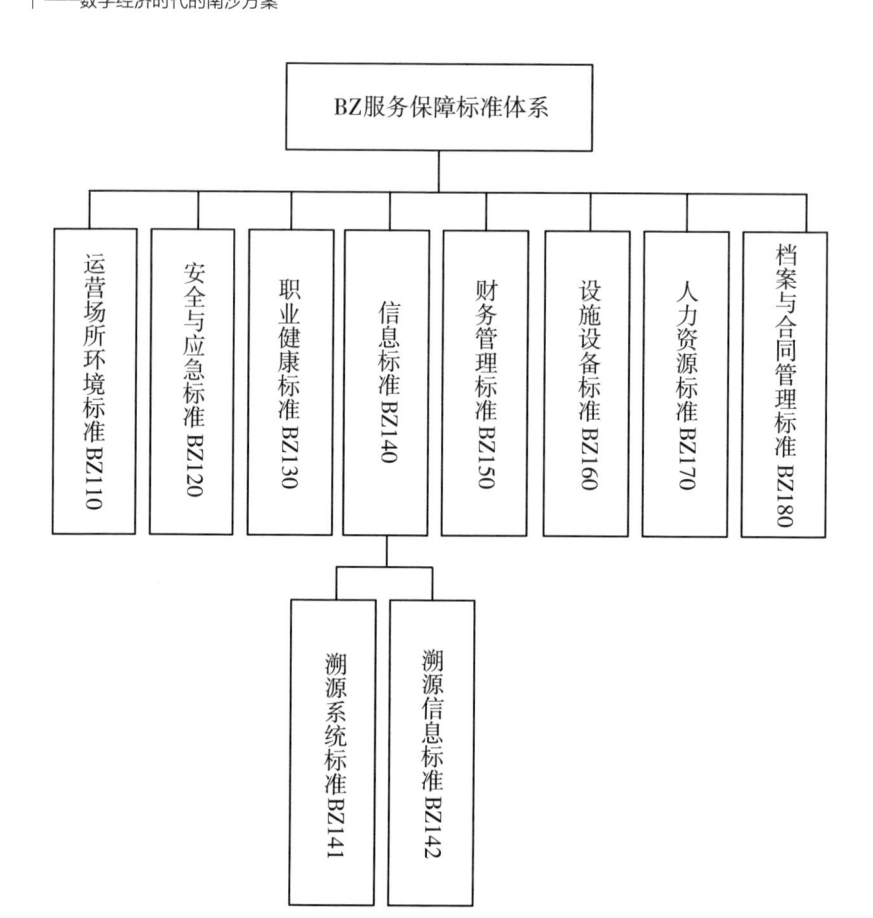

```
运营场所环境标准 BZ110 | 安全与应急标准 BZ120 | 职业健康标准 BZ130 | 信息标准 BZ140 | 财务管理标准 BZ150 | 设施设备标准 BZ160 | 人力资源标准 BZ170 | 档案与合同管理标准 BZ180
```

```
                   溯源系统标准 BZ141 | 溯源信息标准 BZ142
```

图4　服务保障标准体系框架

⑥设施设备标准：规范全球溯源中心使用设施设备的选购、安装、使用及管理而收集、制定的标准。

⑦人力资源标准：规范全球溯源中心工作人员配备、管理、培训教育、考核等要求而制定的标准。

⑧档案与合同管理标准：全球溯源中心建设、运营活动涉及的档案及合同管理的内容、程序和要求而制定的标准。

（3）服务提供标准体系（框架如图5所示）是为满足顾客的需求，规范全球溯源中心与顾客之间直接或间接接触活动过程的标准，包括以下几点。

①溯源业务规则[①]：指导共建方参与全球溯源体系的操作指引。

②服务规范：规定全球溯源中心服务范围、内容、应达到的水平和要求的标准。

③服务提供规范：全球溯源中心服务实现过程中服务提供的要求、方法、程序所制定的标准。

④服务质量控制规范：全球溯源中心服务提供过程中，识别、分析对服务质量有重要影响的关键过程，并加以控制而收集、制定的标准。

⑤运行管理规范：结合全球溯源中心运行管理的要求，收集、制定的标准。

⑥服务评价与改进标准：对全球溯源中心服务的有效性、适宜性和顾客满意度进行评价，并对达不到预期效果的服务进行改进而收集、制定的标准。

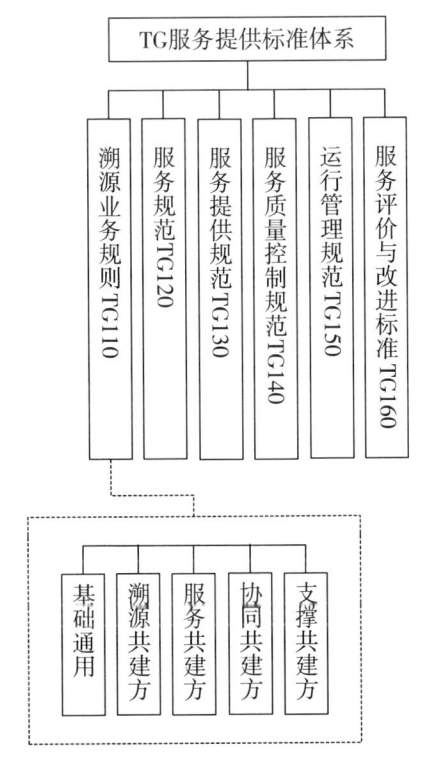

图5 服务提供标准体系框架

[①] 溯源业务规则也是全球溯源中心开展溯源服务的业务基础。溯源服务的内容核心是指导共建方参与全球溯源体系。

三、粤港澳大湾区共通执行标准

粤港澳大湾区共通执行标准（以下简称"湾区标准"）是纳入国家级标准化建设的重大战略部署，是落实2020年9月国标委与广东省政府共同签署的《关于共同建设粤港澳大湾区标准化研究中心战略合作框架协议》中关于打造三地通行的湾区标准合作，以及落实《广东省国民经济和社会发展第十四个五年规划和2035年远景目标纲要》中关于"积极推进标准化体制机制改革，推动粤港澳大湾区标准化研究中心建设，制定实施推广'湾区标准'"的重要举措。《促进粤港澳大湾区标准发展指南（试行）》已发布，为湾区标准建设提供了重要的指导依据。湾区标准需满足粤港澳大湾区经济社会发展需求，是经粤港澳大湾区利益相关方共商确认实施的标准。湾区标准的特点是市场驱动，具备可操作性，在现有的法制体制下，用客观的标准打通目前规则的限制。

粤港澳三地规则不同、制度不同，生产要素流通、三地共同发展受到阻碍。全球溯源中心作为一个数字基建，是粤港澳三地规则对接的重要平台，通过将全球溯源体系有关标准升级转换为湾区标准，实现标准三地共通共用，以统一的标准实现三地共同应用全球溯源体系，对助力各要素资源在大湾区自由流通，实现商品跨区域、跨行业、跨平台的多源数据共建共享，提升信息共享和互联互通的效率发挥着重大作用。全球溯源中心有关标准转换为湾区标准，能够推动市场管理机制相通，推动各类市场主体加速融通，助力大湾区市场主体产业链联通，促进湾区经济循环畅通，实现粤港澳大湾区数字经济高质量发展。

因此，全球溯源中心广泛征集粤港澳三地共建方意见，邀请三地共同参与，积极推进三地适用的标准制定和升级转换为湾区标准。溯源中心将6项全球溯源体系标准纳入湾区标准清单，分别是T/GNDECPA 0014—2022《全球溯源体系　共建方通则》、T/GNDECPA 0015—2022《全球溯源体系　服务分类与要求》、T/GNDECPA 0016—2022《全球溯源体系　全球溯源中心建设指南》、T/GNDECPA 0018—2022《全球溯源体系　信息系统　公共技术组件》、T/GNDECPA 0020—2022《全球溯源体系　溯源标识要求》、T/GNDECPA 0021—2022《全球溯源体系　协同共建方应用指南》

四、其他标准化成果

在不断夯实标准体系，自编企业层级、团体层级标准的同时，全球溯源中心根据实际业务需求，积极组织编制起草其他层级的标准。目前，主导编制的行业标准SN/T 4941—2017《进口商品质量溯源规程》和广东省地方标准DB44/T 2352—2022《商品全生命周期溯源通用要求》已发布实施。其中，《商品全生命周期溯源通用要求》于2022年1月11日正式发布，主要规定了商品全生命周期溯源的总则、溯源相关方、溯源分级、溯源信息、溯源标识和溯源信息化系统的要求；该标准适用于商品的全生命周期溯源。

第四节　全球溯源中心标准化建设展望

广东的进出口总值在全球遥遥领先，但在国际贸易规则的制定话语权方面，广东仍在起步阶段；在中国，一般贸易进出口的占比已经超过加工贸易，但出口商品的国际声誉还有待加强；"一带一路""粤港澳大湾区"等建设也亟待更成熟的机制为其赋能。

全球溯源中心作为标志性制度创新的全方位平台，其标准化建设有助于将全球溯源中心理论规则、服务规则和应用规则明确，为全球溯源中心在全球的复制、推广打下坚实基础，在全国乃至全世界具有无限的应用拓展潜能，以及在全球经济一体化发展的大背景下，具有推动国际贸易规则的新优势。

目前，全球溯源中心标准化建设虽然取得了阶段性成果，但仍将持续进行优化提升，不断夯实理论基础、提升服务效能、拓展应用范围，对标《全面与进步跨太平洋伙伴关系协定》（CPTPP）、《数字经济伙伴关系协定》（DEPA）等国际高水平自贸协定规则，持续发挥标准化的基础性、指导性作用，深化数字经济公共基础设施服务实践，为数字经济发展及数字治理提供规则标准，推动数据要素资源流通、数字资产权益确定、数字产业创新发展及数字治理规则探索；以"南沙范本"的方式向全国乃至全球进行标准化、工具化复制、推广应用，助力自贸区制度创新的"自贸经验"向国际规则转变，打造规则衔接机制对接高地，推动南沙探索构建的数字治理规则立足国内、面向世界。

第七章
全球溯源中心的法律保护体系

第一节　数据处理的基础制度

在大数据时代，数据处理行为的规则统一变得愈加迫切和关键。特别是能够带来大量价值的数据集合的处理方式，更需要与此类新型生产方式配套的规则体系。目前，包括各类数据交易所在内的组织都在探索如何设计数据处理的基础制度，全球溯源中心在这一领域围绕溯源数据的采集处理和使用做出了十分有益的创新尝试，在数据处理的理论和实践层面均迈出了重要一步。

一、政策背景

从中央层面看，2022年6月22日，中央全面深化改革委员会第二十六次会议审议通过了《关于构建数据基础制度更好发挥数据要素作用的意见》。习近平总书记在主持会议时强调，数据基础制度建设事关国家发展和安全大局，要维护国家数据安全，保护个人信息和商业秘密，促进数据高效流通使用、赋能实体经济，统筹推进数据产权、流通交易、收益分配、安全治理，加快构建数据基础制度体系。会议指出，数据作为新型生产要素，是数字化、网络化、智能化的基础，已快速融入生产、分配、流通、消费和社会服务管理等各个环节，深刻改变着生产方式、生活方式和社会治理方式。我国具有数据规模和数据应用优势，推动出台《中华人民共和国数据安全法》《中华人民共和国个人信息保护法》（以下分别简称《数据安全法》《个人信息保护法》）等法律法规，积极探索推进数据要素市场化，加快构建以数据为关键要素的数字经济，取得了积极进展。

会议认为，要建立数据产权制度，推进公共数据、企业数据、个人数据分类分级确权授权使用，建立数据资源持有权、数据加工使用权、数据产品经营权等分置的产权运行机制，健全数据要素权益保护制度。要建立合规高效的数据要素流通和交易制度，完善数据全流程合规和监管规则体系，建设规范的数据交易市场。要完善数据要素市场化配置机制，更好地发挥政府在数据要素收益分配中的引导与调节作用，建立体现效率、促进公平的数据要素收益分配制度。要把安全贯穿数据治理全过程，守住安全底线，明确监管红线，加强重点领域执法司法，把必须管住的坚决管到位。要构建政府、企业、社会多方协同治理模式，强化分行业监管和跨行业协同监管，压实企业数据安全责任。

全球溯源中心在建设过程中，创造性地根据具体数据服务样态设计出一整套围绕溯源数据展开的规则体系和法律保护体系。我国当前的法律体系除对个人信息有较为系统的规定外，对一般非个人数据的权属和流转规则几乎没有任何规定。2021年6月10日颁布的《数据安全法》首次对数据权益和交易提出了原则性意见。第七条规定"国家保护个人、组织与数据有关的权益，鼓励数据依法合理有效利用，保障数据依法有序自由流动，促进以数据为关键要素的数字经济发展"；第十九条规定"国家建立健全数据交易管理制度，规范数据交易行为，培育数据交易市场"；第三十三条规定"从事数据交易中介服务的机构提供服务，应当要求数据提供方说明数据来源，审核交易双方的身份，并留存审核、交易记录"。

但是，上述原则性规定无法满足全球溯源体系中的数据流通需要。在国内外数据立法并不完善的情况下，全球溯源体系以双边或多边协议的契约形式，构建了数据流动的实际规则，并通过全球溯源中心向社会各界推广应用，推动溯源中心在数据权益层面开展相关法律探索，在数字经济治理方面作出重要尝试。

二、溯源数据规则设计概述

全球溯源中心定位为数字经济公共基础设施，其本质上具有开放性、公共性和公益性，作为政府区域数字治理工具，是数字治理规则的载体。全球溯源中心通过其内部既定的溯源数据五重校验机制（即商事主体之间的数据校验机制、消费者的体验反馈机制、第三方专业机构的验证机制、监管部门裁定信息的监管裁定机制以及数据权责机制），形成趋于真实的商品数字画像，在真实的物理世界映射形成数字世界的商品数字化存在。全球溯源中心不以营利为目的，也不追求对数据的控制权，而是中立的"溯源数据"汇聚的场所，是商品从物到数的转化后作为生产资料的建设和管理的数据规则平台。与一般商业平台"收集数据"的倾向不同，全球溯源中心的核心在于"数据提供"和"数据生产"。共建方自愿、真实地向全球溯源中心提供数据，经过中心的数据被处理形成商品数字画像，画像经过应用后产生新的应用数据，又作为新的溯源数据，不断地对商品的描述进行补充。

概括地说，鉴于全球溯源体系是各国政府部门、企业和消费者共建共享的价值传递体系，它通过对商品生产、流通、分配和消费全生命周期的数据采集、科学分析与精准识别，实现风险可识别、可控制、可处置，服务于货物流通、贸易便利、权益维护，以最低成本实现商品真实价值的传递，那么相应的数据保护规则体系主要围绕、反映和确认这一聚合式的价值生产方式而提出，并能够有效推动该价值过程的再生产。

具体而言，全球溯源中心法律保护体系通过包括《全球溯源中心数据规则》《个人信息保护声明》在内的约定体系确立了溯源数据发布权、控制权以及收益权，具体确立的原则如下。

（1）溯源数据发布权。数据发布权以平等开放为原则，任何以合法途径获得且有权公开的商品数据的共建方均有权向全球溯源中心发布与商品相关的溯源数据。

（2）溯源数据控制权。数据控制权以谁提供谁控制为原则，全球溯源中心登记提供溯源数据的共建方拥有所提供溯源数据的控制权。

（3）溯源数据收益权。数据收益权以真实性和时序性为原则。其中，真实性原则是指数据共建方提供的数据与画像数据一致时，享受数据收益权；时序性原则是指不同共建方向全球溯源中心提供相同数据时，当数据被应用产生收益时，越早提供数据者可越早享受收益。

三、数据依约流转和共享规则

全球溯源中心内所有溯源数据的使用以数据共建方的授权为前提，对所有共建方公平开放。全球溯源中心是共建共享的数据平台，因此不仅信息化平台本身向公众开放，数据也在最大限度上通过数据共享规则供各数据共建方应用，以实现溯源数据的价值。通过统一的授权规则，避免数据孤岛以及因数据使用权利的不确定性造成的数据流转障碍。

全球溯源中心不同于通常的商业平台，在遵守适用法律规范和要求的情况下，全球溯源中心管理系统为数据的采集、传递、确权、分享、使用等各个环节设立了崭新的规则，对全球溯源中心的所有数据共建方、服务共建方、协同共建方和支撑共建方适用。共建方一旦注册全球溯源中心管理系统的账号，即视为该等共建方已经同意并承诺遵守《全球溯源中心数据规则》。

受制于各方签订的协议，在全球溯源体系运行过程中，依据全球溯源中心制定的制度和规则，各支撑共建方可以通过复制推广的方式，在各自所在区域或行业领域建设和运营全球溯源中心，其中包括各节点全球溯源中心的实体中心及信息化系统的运营管理。为了实现全球溯源中心的溯源数据在各个节点之间能够流通的目的，各支撑共建方同意遵守统一的数据规则，实现节点间数据流通和存储。

目前全球溯源中心确定的数据规则有以下五个方面。

（1）真实准确：各共建方向全球溯源中心管理系统上传的数据或由全球溯源中心管理系统采集的数据均应保证真实性和准确性，维护数据质量。

（2）合法正当：各共建方应以法律允许的方式收集、存储、使用、加工、传输、上传、公开数据，且处理数据的方式符合《全球溯源中心章程》的规定。

（3）授权流通：除非《全球溯源中心数据规则》另行规定，任何共建方均不得在授权或允许范围之外以任何方式处理全球溯源中心管理系统中的溯源数据（无论其是否公开）。

（4）安全可控：任何数据的上传、应用、公开等处理行为都应当具备适当的安全策略和安全措施。

（5）共建共享：由各共建方上传的，经集合、汇总或其他方式融合而成的数据由提供该等数据的所有共建方共同决定处理方式和收益分配方式。

基于上述原则，全球溯源中心将构建一套符合"共建共享、真实安全、开放便利"原则的全球溯源数据共享规则，通过推动全球溯源体系内的数据流通，以实现全球商品真实价值的传递和促进全球数字经济共享发展的宏大愿景。

四、全球溯源中心的数据共享具体规则

（一）数据提供与上传规则

首先，共建方应当保证其以合法、正当的方式向全球溯源中心管理系统共享数据，共建方不得通过窃取或其他非法方式收集数据。合法收集数据的途径包括：①合法公开的数据；②根据法律规定有权知悉的数据；③向第三方收集非公开数据的，不得侵犯他人的知识产权、商业秘密、个人信息或不合理地损害他人利益；④通过间接途径收集数据的，应开展适当的调查，确保数据来源的合法性。

其次，在数据上传过程中，共建方应当采取加密等符合全球溯源体系要求的技术措施和管理措施，以维护数据传输中的安全性。

再次，共建方应当以全球溯源中心管理系统提供的接口或者允许的方式向全球溯源中心管理系统上传数据，且共建方不得以任何未经全球溯源中心管理系统允许的技术手段（包括但不限于通过插件、未经授权的接口）向全球溯源中心上传数据。

最后，共建方承诺其向全球溯源中心管理系统上传的数据均已经获取必要、合法且适当的权利、授权或者许可。

承认各类共建方均有权依法上传溯源数据，该规则是为了鼓励溯源共建

方积极上传溯源数据，促进全球溯源中心的数据共享和流通，也为了防止各共建方对于其与物理世界的商品或标的物不存在直接的占有或所有关系而引发其无权上传溯源数据的担忧。因此，溯源中心在溯源数据发布权方面做了如下规定：①无论数据共建方与物理世界中的商品或标的物存在何等法律或事实关系，其均可以在不违反适用法律和全球溯源中心相关规则的情况下上传溯源数据；②在全球溯源中心内，由数据共建方向全球溯源中心管理系统上传的溯源数据，自主声明数据的合法性与真实性，任何共建方均默示承认其合法性与正当性；③除非经过争议解决程序的判定，任何共建方均不得拒绝承认或排除其他共建方对其上传或发布的溯源数据在全球溯源体系内享有的权利。

上述规则的目的在于确保全球溯源体系中流通的数据的质量水平，降低使用过程中的授权风险。在某种程度上，全球溯源中心的数据流通规则也需要建立特定的"安全港"制度。我国网络和数据相关法律领域中有关"安全港"的讨论，集中于网络侵权领域平台的"通知—删除"义务。在《中华人民共和国电子商务法》《中华人民共和国侵权责任法》《信息网络传播权保护条例》中均包含有关"通知—删除"的具体规范。在数据开放流通问题上，我国立法中也有符合安全港规则原理的制度规范，如《上海市公共数据开放暂行办法》第四十六条规定："数据开放主体按照法律、法规和规章的规定开放公共数据，并履行了监督管理职责和合理注意义务的，对因开放数据质量等问题导致数据利用主体或者其他第三方的损失，依法不承担或者免予承担相应责任。"如果全球溯源中心在为共建方提供合规科技、风险评估与安全认证的同时，根据法律法规层面支持的安全港规则的效力，为溯源体系内共建方提供相对稳定的合规和免责预期，则相关主体会有较大动力选择加入该体系，共同维护体系内溯源数据的生态环境。

（二）数据登记与收益规则

首先，数据共建方向全球溯源中心上传的关于商品的某一维度的数据皆为"溯源数据"。全球溯源中心鼓励各数据共建方就商品的一个维度分别提供溯源数据，从而起到互相校验、综合判断的作用。各共建方依照其向全球溯源中心上传的溯源数据享有溯源数据基础权利。

其次，在全球溯源中心内，各类共建方上传的"溯源数据"将形成趋于真实的商品画像数据。由不同共建方上传的"溯源数据"形成的画像数据，不同的共建方将依据在形成画像数据过程中上传"溯源数据"的贡献比例对画像数据享有权益。影响贡献度的因素包括但不限于：①共建方提供的溯源数据与画像数据的接近程度；②共建方提供的溯源数据的先后顺序。

再次，在适用法律允许的范围内，除非另有约定，数据共建方可以通过以下方式在全球溯源中心内行使就溯源数据享有的基础权利：①禁止其他各类共建方未经其同意复制、存储、使用、加工、传输、对外提供或者公开该等溯源数据；②禁止其他各类共建方以其名义，就溯源数据向任何共建方主张任何形式的权利；③允许其他数据共建方复制、二次开发、对外提供、存储以及以其他方式处理溯源数据。

最后，各类共建方同意，在全球溯源中心未来运营过程中，画像数据若产生了收益，应用数据的共建方就按照全球溯源中心权益分配规则向上传溯源数据的共建方分配相关的利益。

溯源数据使用权和控制权的设立，奠定了全球溯源中心的核心价值标准，即通过强调共建方贡献的程度确定可能的收益比例，能够有效激励共建方上传数据，推动画像数据集合更加丰富。同时，数据共建方将以授权共享的方式向其他共建方展示和在一定程度上应用溯源数据，从而平衡公共利益和私人利益之间的关系。

（三）数据公开规则

依据《区域强规则》《通用规则》和《自定义规则》的要求，共建方上传的溯源数据将在全球溯源中心管理系统内以不同形式公开，具体如下。

（1）依据《区域强规则》，就数据共建方向全球溯源中心管理系统上传的任何数据，如果政府类数据共建方依据其适用的法律法规负有法定职责以获取该等数据的，则数据共建方将自动同意与政府类数据共建方共享该等数据。

（2）依据《通用规则》，参与同一商品数据画像共建的数据共建方向全球溯源中心上传的溯源数据如果在《通用规则》的范围之内的，则将自动向全球溯源体系的其他共建方公开。即，依据《通用规则》的规定，处于《通用规则》范围之内的公开的溯源数据，所有共建方皆有权查询和访问（若需要进行其他处理行为，则仍然需要获得有关共建方的授权）。

（3）对于消费者类数据共建方而言，仅在其完成实名认证后，方可依据相关规定访问和处理所有依据《通用规则》公开的溯源数据。

（4）就《自定义规则》而言，通过实名认证的数据共建方可以在不违背《区域强规则》和《通用规则》的前提下，自行设定溯源数据共享对象和数据共享范围的规则。

除非共建方另行表示或者另有约定，否则在全球溯源中心管理系统公开任何溯源数据，将视为上传该等溯源数据的共建方已经同意其他共建方浏览其提供的溯源数据以及形成的画像数据，不得对其他共建方行使溯源数据基础权利予以禁止。

（四）数据应用规则

第一，就全球溯源中心管理系统上公开的数据或者经授权得以访问的数据，在经享有溯源数据基础权利的共建方同意的情况下，共建方有权为"溯源"目的，或者共建方另行允许的目的（例如，为使用服务共建方提供服务的目的）以及有利于全球溯源中心数据流通的目的，对该等数据进行分析、使用、汇聚或者其他操作处理。就"溯源"之外的其他目的，除非依据协议另行获得同意，任何共建方均不能够以"溯源"之外的目的使用该等数据。

第二，各类共建方基于溯源的目的，可以对画像数据不断进行补充和完善，并依照数据共享规则的约定进行处分和享有收益。

第三，当服务共建方或协同共建方向数据共建方提供服务、技术和应用时，服务共建方或协同共建方应当按照与数据共建方的约定，及时地向数据共建方反馈数据应用情况。除非法律另有要求或者协同共建方另行同意，服务共建方或协同共建方应当在服务、技术和应用提供完毕或使用完毕的情况下，删除数据共建方提供的数据。

第四，各类共建方处理全球溯源中心管理系统的溯源数据时，应当采取必要的安全措施以维护数据的安全性。尤其是根据传输的数据类型、级别和应用场景，支撑共建方制定不同的安全策略和提出不同的技术要求（如校验技术、密码技术、安全传输通道或者安全传输协议等），各类共建方应当严格执行并遵守支撑共建方提出的数据安全要求。在服务共建方或协同共建方无法满足数据安全要求的情况下，支撑共建方有权停止服务共建方或协同共建方提供服务、技术和应用。

第五，支撑共建方将建立严格的权限管理机制，以保证全球溯源中心数据的导出、复制、脱敏和销毁符合数据共享规则的要求。

（五）数据流动规则

就各节点数据流动而言，依据《全球溯源中心章程》的规定，支撑共建方运营的全球溯源中心各节点之间应当互联互通，保证各类共建方的数据能够在各个节点之间流动，满足数据共享规则下的需求。但是各中心节点之间溯源数据互联互通还受制于以下条件。

（1）首次接收到溯源数据的中心节点有权存储该等溯源数据。

（2）参与共享的节点运营方可以访问在其他节点运营方处存储的溯源数据。

（3）节点运营方应当遵守《全球溯源中心数据规则》其他规定。

就溯源中心内溯源数据流动而言，除非数据共建方针对数据共享明确向其所属的支撑共建方提出反对或者异议，否则一旦签署和同意《全球溯源中心数据规则》，即视为同意各个支撑共建方有权以运营全球溯源中心各节点为目的共享该等共建方的数据，具体的共享方式依支撑共建方之间的约定执行。其他共建方应当仅在数据共建方同意的范围内处理共享的数据。未经数据共建方同意，节点运营方不得对其他节点运营方存储的溯源数据以本协议允许之外的方式进行处理。

（六）数据异议规则

如果共建方认为全球溯源中心管理系统上的任何数据存在错误、不完整或者遗漏的情形，或者任何上传的数据侵害其正当权益，可以向支撑共建方或者支撑共建方的运营主体提出异议。支撑共建方或者支撑共建方的运营主体将依据《全球溯源中心章程》《全球溯源中心争议解决办法》以及《违规行为处理规则》的相关内容，对共建方提出的异议进行反馈和提供解决方案。

支撑共建方有权根据全球溯源中心管理系统的实际运营情况，建立数据流动监测制度，以判断数据收集、上传、公开、应用、流动制度是否符合数据共享规则的规定。

（七）数据的全球跨境流通规则

全球溯源中心以全球运营为发展方向，将在全球建立多个全球溯源中心运营节点，旨在满足适用法律要求的情况下，保证全球溯源中心内的数据正常跨境流通。为达成此目的，各支撑共建方应当保证在全球溯源中心运营过程中满足以下要求。

（1）遵守本地法律。如果支撑共建方所在的国家或者地区对跨境数据流通设置了要求，包括但不限于针对个人信息、重要数据、核心数据以及禁止出口或进口的管制数据等，则支撑共建方应当在满足适用法律要求的前提下，跨境传输该等数据。

（2）违背的后果。如果任何共建方自行知悉或者被全球任何区域的政府执法或司法部门通知、告知其未能遵守有关数据跨境流通的任何规则，该等共建方应当立即向相关的支撑共建方或其指定的运营主体报告，并停止任何的数据上传、应用和公开行为。支撑共建方或其指定的运营主体应当同时审核相关的数据跨境流动事项，并根据适用法律的要求，停止涉案共建方的数据跨境传输行为。

（3）可执行性。各类共建方同意，以其所在地适用的法律允许为限，将尽一切可能保证《全球溯源中心数据规则》中的数据规则能够得以遵守。若因为适用法律的限制导致任何的数据规则无法得以遵守的，共建方应当立即向支撑共建方报告并征求其对如何采取弥补措施的意见。

此外，关于个人信息保护、数据和信息安全等具体规范，已经在《个人信息保护法》《网络安全法》《数据安全法》等重要法律法规中详细规定，全球溯源中心应当依法明确数据安全保护责任并采取有效措施来切实履行。

第二节　法律协议体系

一、制定背景

全球溯源中心法律协议体系建设的突出特点是以采用"加入协议"和建立自治组织的方式，解决全球溯源中心的不特定多边特性和合同的相对性之间的矛盾。全球溯源中心允许和鼓励不特定多数的共建方加入，遵守统一的规则体系。然而，一般合同具有相对性，仅在签约主体（通常是双方，也可能是多方）之间具有约束力。各共建方在不同时期加入全球溯源中心，具有不同的角色定位，也不可能同时签订一份协议。针对这样的矛盾，为确立各共建方之间的权利义务关系，全球溯源中心参照平台规则的模式，采用"加入协议"的方式，由各共建方共同认可全球溯源中心的章程、数据规则和行为规则，从而在各共建方之间适用统一的规则。此外，与一般电子商务平台不同，全球溯源中心是去中心化和自治的，这就意味着全球溯源中心不会有"平台管理人"这一角色统一执行溯源规则。对此，溯源中心参照"统一域名争端解决机制"（UDRP）的模式，建立自治的、由用户和专家组成的小组，监督和维护全球溯源中心规则的实施和执行。

全球溯源中心法律保护体系的搭建，是对传统数据法律框架乃至规则建立模式的突破，对于推动构建全球溯源中心合规高效运行具有重要意义。法律保护体系的搭建一方面是在数据和平台相关法律尚未健全的情况下，以双边和多边协议的形式构建全球溯源中心制度框架的尝试；另一方面是这种开放的、去中心的制度框架也有利于全球溯源中心向境外拓展，避免受制于特定国家的法律。按照这一思路构想，除了上一节介绍的"数据规则"外，还需要更为详细和系统的"行为规则"体系和"运营规则"体系，以便更加具体地落实"数据规则"的具体要求。目前全球溯源中心法律保护体系包括《全球溯源中心章程》《全球溯源体系数据规则》《全球溯源中心违规行为处理规则》《全球溯源中心争议解决办法》《全球溯源体系用户协议》《个人信息保护声明》《全球溯源中心服务接入协议》《全球溯源中心复制推广协议》《全球溯源中心平台操作指南》等系列规则协议，随着实践的不断深入，全球溯源中心法律保护体系将不断丰富，亦将明确更多的操作细则。

二、制定思路

（一）确立全球溯源中心法律保护体系的四大基本原则

1. 开放原则

全球溯源中心的定位是全球化的数字经济公共基础设施，只有对外开放，满足其"公共性"，才能让全球溯源中心成为"公共品"，向全球各界提供服务。"开放原则"是实现全球溯源中心价值的基础，是为全球溯源中心各共建方设定身份和共享利益的前提。

2. 协同原则

全球溯源中心将建设多个全球运营节点，为保证在各个节点间实现数据流通，需要各个节点根据统一的规则建设、运行和传输数据。协同原则是实现全球溯源中心有序发展和数据有序流通的条件。

3. 确权原则

为了保证溯源数据能够作为一种"生产要素"有序流通，必须对全球溯源中心流通的溯源数据进行权益确定，确权原则是实现全球溯源中心数据共享的保障。

4. 自治原则

自治原则的目的是为保证全球溯源中心各节点依照统一的规则运营及各节点之间保持互联互通，发挥各自优势服务于区域政府治理，为实现全球溯源中心规避政治意识干扰，面向国际、国内复制推广奠定基础。

（二）以四大基本原则为基础制定全球溯源中心的三大规则

全球溯源中心法律保护体系以四大基本原则为基础，构建了数据规则、行为规则和运营规则三大规则。

1. 从开放原则出发，制定数据规则、行为规则和运营规则

在数据规则方面，各溯源中心节点秉持开放精神实现数据的互联互通，溯源数据在得到授权的前提下充分流转，向中心内的所有共建方公平开放，溯源数据不为某共建方或应用平台所垄断；在行为规则方面，全球溯源中心对所有的政府、企业、消费者平等开放，全球溯源中心各项应用向所有的共建方平等开放；在运营维度方面，全球溯源中心是一个开放的体系，通过复制推广，建立全球运营节点。

2. 从协同原则出发，保持全球溯源中心规则统一

全球溯源中心是多中心的联合，是由众多共建方协同共建的成果，因此，其内部的运行规则和运行逻辑应当保持各中心和各共建方的协同。从数据规则角度来看，在微观层面，各共建方遵守统一的数据收集、提供、授权、使用、开放规范，不需要各共建方另行谈判确定数据使用规则；在宏观层面，数据在全球溯源中心各节点之间互联互通，各中心数据实行区域存储。各中心地位平等，中心系统功能相同，各节点之间保持协同，使得共建方在各节点使用中心系统时，保持相同的体验。从行为规则角度来看，考虑到全球溯源中心的开放性，各支撑共建方将独立运营相应节点，因此必须遵守统一的行为规则体系，从而确保全球溯源中心共建方在各节点享有相同的服务标准，拥有相同的权利并履行相同的义务。

3. 从确权原则出发，确立向提供溯源数据的共建方赋予数据权益

确权原则主要表现在对数据权益的确认。全球溯源中心是以数据形式再现商品、描述商品，其价值在于数据的流通、使用和再创造。为了鼓励数据的分享，必须通过规则建设确保向全球溯源中心提供数据的共建方的权益。由于在目前法律体系中，尚没有对数据权利作出定位，即不存在普遍法律意义的"数据权"。针对这样的情况，确权原则以双边和多边协议下设定的"债权/对人权"代替法律赋予的"物权/对世权",换而言之,通过全球溯源中心协议体系的搭建,制定在溯源各方之间达成共识和可以执行的协议,认可向全球溯源中心提供数据的共建方对其提供的数据具有某种权利。这种权利虽然是基于协议的"债权"性质,但是由于其为所有各方认可,因而在全球溯源中心内具有类似"物权"的普遍适用的效力。

4.从自治原则出发,以双边或多边协议的方式建立数据规则、行为规则

目前国内外法律体系中并没有对个人信息和公共数据之外的商品数据关于权利、流转和收益的明确规定。为保障全球溯源中心内数据的合法流转,全球溯源中心需要建立一套数据控制、流转和收益的规则,为此,拟通过双边或多边协议的形式确立数据共建方之间认可的数据规则和数据使用行为规则。全球溯源中心内的自治原则具体表现如下。

第一,全球溯源中心的规则构成数据共建方之间基于共识的强制性规则,其效力产生在全球溯源中心内而不在全球溯源中心之外。在缺乏上位法支撑的情况下,该探索有效地避免了全球溯源中心自身规则和法律体系的不一致。

第二,全球溯源中心的规则是通过数据共建方的认可,在它们之间发生效力,并且共建方认可全球溯源中心的数据规则和行为规则对其产生的强制执行力,这就解决了全球溯源中心的规则强制执行问题。

第三,全球溯源中心是去中心化的,其规则的推行不依赖于平台运营者,各运营节点均采用同一套数据规则和行为规则。从数据规则角度,全球溯源中心的支撑共建方原则上并不是数据的收集者或推送者,而是中立的中心运营者;数据的公开、共享、授权、使用是数据在统一规则下自由流通的前提。从行为规则角度,全球溯源中心的支撑共建方也并非仲裁者,对共建方行为的判断,仍然建议按照自治原则由独立的专家组最终认定。

三、三大规则的主要内容

(一)从数据规则体系看

(1)确立数据资产权益确定规则:在全球溯源中心法律保护体系中,确立了溯源数据发布权、控制权以及收益权。

（2）确立数据授权流转规则：数据的共享使用以数据共建方的授权为前提，对所有主体平等开放。

（二）从行为规则体系看

（1）自主加入双边或多边协议规则。全球溯源中心各共建方自主加入并遵守中心制定的双边或多边协议，共同遵守中心内统一的数据规则和行为规则。

（2）自主声明规则。企业声明上传至全球溯源中心的数据真实合法，并对数据的真实性、合法性承担法律责任。

（3）依法履责规则。企业可对自主声明进行公证（线上/线下），公证机构/公证人为企业出具声明公证书，建立公证法律关系，企业依法履责。

（4）中心内自治管理规则。①规则统一：建中心去中心，各个中心之间依托统一的标准规则实现自治管理，不存在统一化中央管理的集中平台。②效力对内：全球溯源中心的规则是溯源中心内部规则，不在全球溯源中心外产生效力；全球溯源中心的规则是各共建方认可的规则，在数据共建方之间发生效力并具有强制执行力。③中立裁决：通过建立自治组织的方式，成立专家组，监督和维护全球溯源中心规则的实施和执行。

（三）从运营规则体系看

（1）标准统一。①各中心标准规则统一：所有运营节点均采用同一套标准、规则及争议解决机制。②各应用服务接入规则标准统一：中心所有应用服务采用和遵守统一的接入标准规范及服务标准规范。③各共建方遵守的行为规则、数据规则统一：所有共建方遵守同一套行为规则和有关数据采集、授权共享等的数据规则。

（2）地位平等。①各中心地位平等：各节点之间地位平等，不存在管理与被管理的关系。②各共建方地位平等：各数据共建方之间地位平等，平等享受全球溯源中心内各种权利以及履行相同的义务。

（3）规则中立。①数据处理中立：全球溯源中心作为商品物到数的溯源数据汇集场所，本身并不参与商品的评价，不对数据的真伪作出判断，只是依靠既定的数据判定规则对数据进行识别、分类，是一个中立的数据规则平台。②制度订立中立：全球溯源中心内部的规则制度是在平衡各国法律制度的前提下，围绕中心内各共建方的权利义务关系及数据的流动、数据权益分配等制定的一套中立的、具有法律效力的协议规范。

四、协议的体系化及主要内容

全球溯源中心法律保护体系，通过构建不特定的多边法律关系和特定的双边法律关系协议体系，通过数据规则、行为规则和运营规则的构建，从而规范中心内各共建方的权利义务，具体如下。

（一）不特定的多边法律关系

不特定的多边法律关系是所有加入全球溯源中心的共建方之间的权利义务关系。鉴于全球溯源中心是一个开放的体系，向全球政府、企业、消费者平等免费开放，为确立各共建方之间的权利义务，有必要制定统一规则，作为各共建方在全球溯源中心内的行为准则和裁判它们之间纠纷的依据。所有相关的协议将对全球溯源中心内的所有主体适用，是各共建方的行为基线和指导准则，其中包含了四个层次的法律协议。

1.《全球溯源中心章程》

章程的设置是为了保证所有共建方认可统一的目标，旨在确定全球溯源中心运作的目标、基本原则和管理模式，是各共建方加入全球溯源中心的基础，对所有加入全球溯源中心各共建方都有约束力。①在目的方面，章程确立了"通过对商品生产、流通、分配和消费进行全生命周期的数据采集和科学分析，实现精准识别、商品溯源的……并促进全球商品的高效流通"的目标。②在合作方式上，章程提出了"以共建共享、真实安全、开放便利为原则"，合作共建全球溯源体系。③在保障全球溯源中心规则统一方面，章程要求各共建方"根据其角色定位签署有关协议，同意并承诺遵守本章程，以及其他有关运行全球溯源中心的规则"。同时，章程确定了信息保护和知识产权分配的基本原则，即"个人信息相关的所有权利、权益或者利益，均归属于该等个人信息的主体所有"；数据共建方向全球溯源中心共享的任何数据，其中的知识产权、其他权利、权益或者利益，均由提供该等数据的一方享有"；"各共建方在其他各方提供的数据的基础上通过汇编、分析、整理、运算等处理形成的成果，其有关知识产权、其他权利和权益由该共建方所有。但是该成果的使用……不得损害提供数据一方的合法权益。"

2.《全球溯源中心数据规则》

数据与其他生产要素不同，体现明显的非竞争性、复用性和流动性特征。由于数据的多维属性，静态化的数据赋权模式无法匹配数据动态化的流动性特征，以及数据多主体诉求交织导致各方利益难以平衡等障碍。《全球溯源中心数据规则》规范了溯源数据收集、存储、共享、应用、流动等一系列数据活动，对数据的发布权、控制权、收益权以及授权分享规则做了具体的法律安排。

3.《平台操作使用指南》和《全球溯源中心违规行为处理规则》

该两份规则从正反两个方面规范数据共建方和其他类型的共建方使用全球溯源中心的"可为"和"不可为"。特别是《全球溯源中心违规行为处理规则》明确说明各类共建方的违规行为将受到严格的惩罚，以保证全球溯源中心独有的数据规则能够得以实现。在此情况下，一旦发生违反数据使用规则的现象，支撑共建方或其指定的运营主体将立即对其采取惩戒措施，保证违规的共建方不对全球溯源中心造成损害。随着全球溯源中心的功能拓展以及不断地得到复制推广，应用领域、应用场景也会不断丰富，该等协议内容也会随着全球溯源中心的发展不断扩展更新。

4.《全球溯源中心争议解决办法》

由于溯源数据作为全球溯源中心新型的生产资料得到不断开发，中心内部会逐渐探索产生新型的生产关系。全球溯源中心通过设立《全球溯源中心争议解决办法》来处理中心内部与溯源数据真实性或准确性相关的争议、对溯源数据的使用产生的争议、提供服务技术或应用的争议、与知识产权相关的争议以及各共建方在全球溯源中心运营过程中或者使用全球溯源中心管理系统提供的服务中产生的其他争议,给数据共建方提供了一套高效、专业的争议解决办法。

该规则主要为各类共建方之间的争议解决提供指引。由于全球溯源中心是一个去中心化的体系,没有统一的管理者,借鉴"统一域名争议政策",全球溯源中心设立了一个自治的专家组,解决中心内关于数据的争议和其他类型的争议。为了满足低成本、高效、合法的目标,全球溯源中心设置了一套专门的争议解决机制,选出适当、中立和在数据、知识产权等法律方面具有丰富经验的专家组处理争议。根据过往案例和对于数据争议走向的判断,《全球溯源中心争议解决办法》构建了与数据争议相关的几点原则,包括:①数据真实性判断原则;②优势证据原则;③数据使用正当性原则。全球溯源中心通过构建起与数据争议相关的解决程序,使得全球溯源中心数据规则中的要求能够被执行和落实,各类共建方亦能和谐相处。

(二)双边法律关系

双边法律关系是加入全球溯源中心的共建方承担溯源中心的义务,享有相应权利的基础。每一个共建方在加入全球溯源体系时,都与各中心的支撑共建方签署了一份协议,这份协议规定了其加入全球溯源体系的权利义务,并且其承诺遵守全球溯源体系的规则,这样一来,全球溯源体系的规则可以以援引的方式适用于加入的数据共建方。所有相关的协议都是针对全球溯源体系现有的业务特征和场景而制定,并且未来将随着业务扩张的需要而增加。具体内容如下。

1.《复制推广协议》

《复制推广协议》旨在解决全球溯源中心南沙节点向其他节点推广的问题。本协议一方面授予复制方复制、使用、修改"全球溯源中心管理系统"的权利,同时要求其分享"全球溯源中心管理系统"及维护"全球溯源中心管理系统"的完整性。尤其是复制方被要求"保证全球溯源中心节点具有与全球溯源体系各部分保持兼容和功能的一致性,不得修改全球溯源体系公共技术,或为全球溯源中心节点增加、减少或改变功能"。同时，本协议也要求复制方按照统一的规则运营"全球溯源体系"的节点，要求"按照全球溯源体系规则，对其建立和运营的全球溯源中心节点进行建设、运行和管理，并要求全球溯源中心节点中的各共建方（尤其是最终用户），签署并遵守全球溯源体系规则。"

2.《用户协议》

《用户协议》包括个人版和企业版、组织版。《用户协议》旨在规范使用"全球溯源体系"的用户（包括数据共建方和其他使用全球溯源体系数据的用户）加入和使用全球溯源体系的行为，通常应用于App端、小程序端。除了要求用户"遵守《全球溯源中心章程》或其他适用规则"外，《用户协议》针对用户提供和使用数据提出具体要求。此外，《用户协议》规范了用户和支撑共建方的权利和义务：①《用户协议》按照法律要求对用户提出了有关维护网络安全和合法使用网络的要求，包含："不得利用本软件及其中的服务（包括溯源服务）制作、复制、推广、传播违反国家法律的内容或者利用本软件从事任何违法犯罪活动"，以及"不得采取任何可能干扰本软件正常运营的技术措施"等。②为避免用户由于使用"全球溯源中心"遭受损失而向支撑共建方索赔，《用户协议》确立了免责规则，包括网络中断的免责和使用数据的免责。③企业、组织版的《用户协议》还针对企业系统对接（而非使用App方式），提出了网络系统安全的要求。

3.《服务接入协议》

《服务接入协议》旨在规范协同共建方、服务共建方等通过API（应用程序编程接口）接入方式，利用"全球溯源中心"的数据开展服务的场景。除了要求接入系统服务共建方（或协同共建方）"遵守《全球溯源中心章程》以及适用的所有关于'全球溯源中心'运营的规则"外，《服务接入协议》还对接入和使用API接口提出了如下要求。①安全性：接入方必须采取"必要的管理措施和技术措施以维护全球溯源中心API接口的安全性……并执行支撑共建方要求的安全规范或标准"。②兼容性：接入方不得"对全球溯源中心API接口进行任何形式的修改、更改、迭代或者反向工程"。③出于避免支撑共建方的责任考虑，全球溯源中心的节点运营者"不对全球溯源中心API接口的功能、适用性、有效性或者其他品质作任何形式的担保"。

4.《个人信息保护声明》

根据目前的《民法典》《数据安全法》等法律要求，在收集个人信息前，需要向个人信息主体明示告知处理个人信息的规则，未能履行该等告知义务可能导致行政处罚。按照这些要求，《个人信息保护声明》包含如下内容。①收集个人信息的主体及其联系方式。②收集个人信息的目的、方式和范围。③对外分享个人信息的情况。④个人信息主体的权利。该声明不仅可以在"全球溯源中心"App端使用，在微信小程序端，以及其他收集个人信息的场景（如线下展示的全球溯源体系中心展厅）中，都可以适用。《个人信息保护声明》通常随《用户协议（个人版）》共同推送给数据共建方，以征求其同意。

第三节　法律保护体系建设的价值和意义

一、法律保护体系建设的突破性价值

数据作为新型的生产资料，必然催生新的生产关系。如何解决全球溯源中心生产资料的所有制问题以及生产力与生产关系之间的矛盾问题，全球溯源中心做了前瞻性的法律研究探索。全球溯源中心通过对其数据规则、行为规则和运营规则的法律构建，逐步探索出一套适用于全球溯源中心内部的全球化法律保护体系，具体突破价值如下。

（一）通过双边和多边协议形式，制定溯源各共建方认可的数据规则、行为规则和运营规则

现有的全球各国法律与数据保护相关的内容，往往聚焦于对个人数据的保护以及政府数据的公开利用。全球溯源中心的数据主要是与商品相关的多维度数据，与单纯的个人数据和公共数据都有很多不同，在处理规则上也有

相应的差异。

目前，世界主要各国的法律都没有对数据的权利作出界定，也不认可"数据权"。在中国，各地政府也在积极探索非个人数据的数据规则，如2021年11月，上海市人民代表大会通过的《上海市数据条例》肯定了"数据产品及服务享有财产性权益"，但是并没有提出判断该财产性权益的依据，并且该条例中所规定的数据权益主要是建立在数据私有的基础上，与溯源数据的公开属性并不相符。类似地，2022年起实施的《深圳经济特区数据条例》规定，"自然人、法人和非法人组织对其合法处理数据形成的数据产品和服务享有法律、行政法规及本条例规定的财产权益"，也没有明确真正的数据权。

全球溯源中心以商品溯源数据为核心，数据的提供、流通和利用是溯源数据的价值所在，通过技术手段建立商品的数字画像，通过中心体系内部商品数据的流通产生价值。虽然根据"物权法定"原则，全球溯源中心无法在没有上位法支撑的情况下创设溯源数据对不特定公众的权利（即具有物权性质或知识产权性质的对世权），但是并不排除通过数据共建方之间的约定，以合同方式设定数据贡献方对数据的财产权。该种权利虽然仅对参与全球溯源中心共建的各方有效，但随着全球溯源中心不断得到复制推广并发展壮大，中心内便能形成相对普适和可以执行的权利，并有可能上升为国家立法。全球溯源中心在世界数据法律体系尚未建立的情况下，突破性地利用双边和多边协议，构建了为各数据共建方遵守和认可的数据规则、行为规则和运营规则。

（二）创设数据发布权、控制权和收益权，鼓励数据共建共享

鉴于"溯源数据"既不是物，也不是知识产权，其没有法律规定的独占性，这为通过协议手段设定数据贡献者对所贡献数据享有的权利留下探索空间。在目前法律对于数据权益还没有具体规定的情况下，全球溯源中心在创设溯源数据权益时做出了如下实践探索。

（1）鼓励合法数据发布：为了防止各共建方因提供的溯源数据与物理世界的商品或标的物不存在直接的占有或所有关系而引发其无权提供溯源数据的争议，全球溯源中心创设了溯源数据发布权，认可和鼓励通过合法途径获

得商品数据的数据共建方向全球溯源中心提供数据。

（2）促进数据有序流动：为了明确溯源数据被应用时的数据授权主体，全球溯源中心创设了数据控制权，根据"数据谁提供谁控制"的原则，解决了因数据被应用时授权主体不清而可能出现的多人授权或无人授权的矛盾，为创设数据收益权设置了基础条件。

（3）鼓励数据共建共享：为鼓励数据共建方向全球溯源中心贡献数据，创设溯源数据收益权，拟给予溯源数据的贡献方一定的合理报酬，即允许溯源数据贡献方从贡献数据中获益。

（三）首创"声明公证，依约履责"机制，构建能够实现自治的争议解决规则

为增强企业参与溯源共建的主体责任，构建良好的信用法治体系，全球溯源中心首创了"声明公证、依约履责"机制，通过聚集全球优质的公证法律服务资源，为企业提供便捷高效的公证法律服务。一是构建"自主声明，自愿公证"溯源机制。企业加入全球溯源中心，声明上传到全球溯源中心的所有信息合法、真实，并自愿选择公证机构对声明进行公证，以声明公证的方式增强自身的履约责任。二是搭建"线上声明，线上出证"的线上系统。为提升企业办理声明公证的便捷性，全球溯源中心首创了"声明线上公证系统"。企业可通过系统实现"线上一键下载声明书、线上宣读声明内容、线上缴费"全过程线上声明操作；公证机构可通过系统实现"在线审核声明内容、在线签发公证书"等全流程线上公证服务；全球溯源中心通过对线上公证过程的全程记录、对操作数据的全程保存等技术手段，保证声明公证证据的可靠性、完整性。三是创设"多方联动，失实追责"维权制度。当企业出现声明失实并对其他企业/消费者造成利益损害的违法行为时，全球溯源中心通过监管部门信息共享、利益受损企业/消费者实名举证、公证法律服务机构代理追责等多方联动的方式，对其进行惩戒。为实现全球溯源中心的自治，全球溯源中心通过制定违规行为处理规则，明确各共建方的违规行为的惩罚措施，以保证全球溯源中心有序运行。鉴于全球溯源中心是一个去中心化的体系，

没有统一的管理者，它通过制定争议解决办法，为解决各类共建方之间的争议提供明确指引；通过在全球溯源中心设立专家组，以高效、低成本的方式解决中心内关于数据的争议和其他类型的争议。

二、法律保护体系建设的意义

（一）提供可复制、可推广的实践经验

全球溯源中心面对全球政府、企业、消费者免费开放，目前全球溯源中心有15039家企业参与，涉及8716个商品品牌，共建方覆盖世界各地。目前南沙已建成全球溯源中心第一个运营节点，已完成全球溯源体系理论体系、实体中心以及信息化系统的建设工作，已经具备了对外复制推广的条件。广东自由贸易区南沙片区全球溯源实践已得到美国、澳大利亚、西班牙、意大利、泰国等多个国家相关机构、行业协会和企业的积极响应，并被APMEN（亚太示范电子口岸网络）纳入亚太经济合作组织第二批复制推广项目。目前南沙已与海南洋浦、山东青岛签订全球溯源中心共建框架协议，与自由贸易区厦门片区达成共建全球溯源中心合作意向，并推动全球溯源中心在港澳、广东、福建、海南、山东、河南、湖南等地全面推广应用。

未来，全球溯源中心在全球的各运营节点将遵守同一套标准体系进行复制推广，遵守同一套法律保护体系规范全球各数据共建方的权利和义务。全球溯源中心法律保护体系通过建立中心内数据流转、应用的数据规则，通过推出统一、协调的行为规则和运营规则，在全球溯源中心不断得到复制推广的过程中，其应用领域将不断扩大。全球溯源中心内先行先试的各项实践经验，将不断扩大应用外延，有望突破中心内的应用，从而得到复制推广，成为中心外的成功案例。

（二）输出数据权益保护的南沙方案

在目前世界各国没有完善的数据治理体制及法律出台的背景下，全球溯源中心已完成的中心内数据权益保护和流通体系的建设，具有良好的法务实践基础。全球溯源中心对数据规则及跨境数据流通管理的探索，一是为未来的数据立法工作提供具有重要参考价值的实践案例，二是对我国在参与国际组织数字经济议题谈判、开展双/多边数字治理合作、维护和完善多边数字治理机制中，输出中国权益保护方案。

在统一的数据治理法律出台之前，数字经济领域的实践经验均对未来的立法工作具有重要的参考价值。2021年6月10日颁布的《中华人民共和国数据安全法》第八条规定，"开展数据处理活动，应当遵守法律、法规，尊重社会公德和伦理，遵守商业道德和职业道德，诚实守信，履行数据安全保护义务，承担社会责任，不得危害国家安全、公共利益，不得损害个人、组织的合法权益"。作为全球层面与数据相关的主要立法之一，中国政府的该立法规定，在现有数字经济领域的数据治理实践中可能具有重要的历史意义，这是因为未来中国的数据治理法律框架极有可能需要参考目前各界已有的数据流通规则进行制定。作为具有全球性、公益性以及普适性的数字经济样本，全球溯源中心对"数据"在基于"开发、协同、确权和自治"四大创新原则基础上创设数据发布权、数据控制权和数据收益权的制度经验，必将不同于普通的商业平台，将对未来全球的数据立法活动提供独一无二的参考价值，协助完成"以法治数"的历史性目标。

（三）发出全球数字治理规则的中国声音

未来全球溯源中心必将进行全球化运营，必将依赖数据的跨国流通。基于政治安全、技术能力和执法需求等原因，世界各国日益加强对数据跨境流通的限制。例如，欧盟出台了《一般数据保护条例》《欧洲电子通信规范》《非个人数据自由流动条例》等规定；美国出台了《电子通信隐私法案》《澄清域外合法使用数据法案》《加州隐私权法》等法律；印度出台了《个人数据保护法案》；巴西出台了《巴西通用数据保护法》；中国政府也出台了《网络安全法》《数据安全法》《个人信息保护法》等法律。全球溯源中心基于全球化的运营模式，在未来的发展过程中必然会涉及数据跨境流通的问题。通过梳理各国的立法要求，全球溯源中心未来会采取包括CBPR（跨境隐私规则）

认证、签订标准格式合同、通过各国主管部门的评估在内的不同方式，为全球数据流通提供具体的实践经验，并为各国经济实体搭建一条安全、可控、可复制和可操作的数据跨境流通通途。

当今，数据资源已成为全球重组重要的要素资源，在重塑全球经济结构、改变全球竞争格局中发挥着关键力量。全球溯源中心主动探索适用全球的数字治理规则，探索适合数字经济发展趋势及规律的治理方案。通过构建全球溯源中心法律保护体系，推动我国在全球数字经济竞争中构建国家竞争新优势，为在新一轮国际竞争中抓住先机输出"南沙经验"，在全球数据要素流转、国际数字治理规则制定中贡献中国力量。

第八章
全球溯源中心的应用

第一节　全球溯源中心的应用价值

全球溯源中心作为数字经济公共基础设施，面向企业、消费者、政府部门等社会各界免费开放。基于"共建共享、真实安全、开放便利"原则，参与者自愿遵守全球溯源中心的规则标准，均可加入并应用全球溯源中心。

一、助力企业数字化转型

所有企业均可加入全球溯源中心，以标准化手段接入即用，快速低成本实现产业数字化转型，深度融入产业数字化。全球溯源中心以法律法规为基础构建的法律保障体系，有效保障数据资产权益，高效参与数字经济建设。溯源数据广域触达、即时互动，帮助企业洞察市场新机遇和风险、提升生产经营效率、创新生产经营模式。

（一）为企业提供数字化新工具

全球溯源中心定位为数字经济公共基础设施，面向全社会免费开放，为数字时代的商品数据采集、识别和处置提供了一套高效、低成本的工具。企业可通过业务系统与全球溯源信息化系统对接，无须自行搭建相关基础功能的信息系统，大幅降低企业数字化建设成本。全球溯源中心为企业搭建数字生态，满足企业数据分析需求，提高企业对数据的挖掘应用能力，实现关键业务流程数据可视化，有效提升生产经营效率，助力传统企业加快数字化转型升级。

（二）为企业提供数字资产新保障

全球溯源中心围绕数据权益、数据保护、数据流通、权益分配等方面进行探索研究，形成系列保护协议，构建了全球首个以法律法规、标准体系的方式为企业提供法制保障的数字资产法律权责新方案。全球溯源中心不仅为企业提供数字资产全方位保护，强化数字资产管理，解决企业数字化过程中面临的数据权益纠纷和法律关系问题，更是为全球数字立法提供了可操作、可复制的实践案例，并在一定程度上填补了数字法治领域的空白。

（三）为企业提供消费端触达新能力

依托全球溯源中心打造的公共服务平台，溯源商品相关上下游企业作为数据共建方，均可便捷获取全渠道商品消费信息，直接聆听消费者的真实声音，快速响应消费者的反馈，实现与全球消费者的高效实时互动。全球溯源中心汇集以商品为核心的消费者反馈信息，企业可直接了解消费者的实际需求，基于用户体验优化产品质量，改进生产经营方式，打造具有全球竞争力的产品服务，促进企业高质量发展。借助全球溯源中心商品价值的传递能力，企业可实现商品价值信息向全球消费者快速触达，提升品牌知名度与美誉度。

（四）为企业提供产业链协同新优势

借助全球溯源中心商品价值的传递能力，企业可实现商品价值向产业链上下游企业快速延伸，助力企业降本增效、有效配置资源。依托全球溯源中心，企业可与产业链上下游企业实现数据共享共用、互联互通，整合产业生态资源，形成完整贯通的数据链，实现产业链上下游高效联动、协同发展，提升供给侧与需求侧的信息对称性及产品和服务的适配性，引领产业协同融合发展。

（五）为企业提供业务拓展新动力

全球溯源中心构建了开放、便利、透明的公共服务平台，通过不断集聚各行业类别服务共建方，可以为企业提供溯源标识服务、检验检测认证服务、知识产权保护服务、公证法律服务等专业性公共服务，推动溯源服务相关产业集聚。全球溯源中心在提供公共服务的同时，面向全行业开放应用，通过培育新产业、新业态、新模式，催生"溯源＋金融""溯源＋技术""溯源＋物流协同""溯源＋辅助监管"等产业模式，为企业开拓新业务提供广阔平台和发展空间，激发企业创新活力和内生动力。

二、助力消费者高效维权

全球溯源中心聚焦消费者权益保护，形成消费者、企业、政府部门等多方参与的消费者权益保护机制，全方位、多渠道保护消费者的合法权益。所有消费者均可加入全球溯源中心，获得商品真实价值信息，真实反馈自己的看法和消费体验，有途径、有力量地维护自身合法权益。

（一）便捷获取商品价值信息

全球溯源中心通过多维数据采集、多方比对验证，形成无限趋真的商品数字画像，改变了过去买方信息不对称的弱势处境。消费者通过"一键扫码"即可便捷获取溯源商品在生产、贸易、流通、消费全生命周期过程中产生的信息，有效保障了消费者的知情权。

（二）有效反馈商品消费信息

全球溯源中心构建了以消费者发起反馈、企业跟进处理反馈、监管部门全程监督反馈的消费者权益保护机制，打破了传统商品价值的判定规律，实现消费者真实声音有效触达企业和监管部门。消费者通过"一键反馈"即可表达对商品的真实看法和消费体验，保障了消费者的反馈权。

（三）高效维护自身合法权益

全球溯源中心通过构建消费者权益保护公共服务平台，引入公证法律机构，为消费者提供法律追责服务，形成消费者权益维护的闭环。通过监管部门信息共享、消费者实名举证、公证法律服务机构代理追责等多方联动，全球溯源中心创新性地解决了消费者"维权难，难维权"的社会痛点，提升了消费者的维权便捷度，降低了消费者的维权成本。

三、辅助政府数字化治理

所有政府部门均可直接加入全球溯源中心，获得产业数字化和数字产业化有力抓手，识别商品与商事主体行为，预判风险，提高事前、事中、事后的监督管理能力和精准公共服务能力。

（一）提升数字监管效能

全球溯源中心通过建设海关溯源辅助信息系统、市场监管溯源辅助信息系统，搭建"信易+"信易通场景等，为政府部门"风险可控、来源可究、去向可查"提供闭环监管新工具。全球溯源中心通过大数据风险分析研判，形成事前、事中、事后全链条低成本监管，实现溯源数据和监管数据的有效结合，辅助政府部门做出更精准的监管决策，多元共治实现监管的前伸后延，进一步提升数字监管效能。

（二）提高数字治理能力

利用全球溯源中心采集的商品生产、流通、分配和消费全生命周期过程中的价值信息，通过多维比对校验、科学分析商品的溯源价值信息，可用于辅助政府数字治理，形成以溯源数据为内核辅助决策、管理与创新的机制，助力数字治理能力现代化建设，提升政府服务效能，进一步提升人民群众的幸福感。

（三）促进产业集聚发展

全球溯源中心多方参与、共建共享，搭建了产业共建生态机制，以溯源产业公共服务平台为牵引，不断探索全球溯源中心在更多行业产业的应用，推进数据要素资源与应用场景、商业模式融合创新，促进"溯源+"数字产业生态聚合。全球溯源中心全面开放的机制有利于当地营商环境改善，促进数字技术与实体经济深度融合，推动围绕商品贸易活动的服务产业集聚，构建引领性数字经济产业集聚高地。

第二节　全球溯源中心的应用创新

全球溯源中心作为数字经济公共基础设施，打破了传统意义上只能赋能某个行业、某个产业的赋能方式，以标准化的方式全面实现赋能产业数字化、数字产业化和政府数字治理，真正将数据转化为生产要素，全面降低重复建设成本，减少资源浪费。在全球溯源中心商品溯源数据流转规则下，全球溯源中心不断探索"溯源+"开放应用新模式，如"溯源+口岸监管""溯源+跨境结算""溯源+信用治理""溯源+服务贸易""溯源+二手车出口"等，创新业务模式、辅助风险管理、挖掘数据价值，实现数据的再应用。

一、"溯源+口岸监管"创新

目前，南沙已建设溯源辅助信息系统，利用全球溯源中心贯穿商品全生命周期链条信息，辅助海关补充完善信息来源与维度，有助于提高海关对跨境商品的日常管理效能，实现从国外源头到生产加工、批发零售、国内消费的全链条信息化溯源，在线上排查、精准管控、现场处置等方面发挥辅助作用。

（一）创新背景

2021年，中国货物贸易进出口总额接近40万亿元人民币，雄踞全球榜首。随着全球贸易空前发展，叠加新冠肺炎疫情的此起彼伏，贸易形势纷繁复杂。口岸监管执法部门获取商品信息的成本较高,在口岸监管业务的申报、查阅、日常监管、放行和后续管理等环节,迫切需要一种数字监管支撑工具,提升整体监管效能。全球溯源中心汇聚多来源主体、跨地域、跨时间、多品类商品的溯源数据,并通过对数据的多维核验,形成画像数据,可以作为海关管理的辅助信息,补充完善海关信息来源和维度。南沙依托全球溯源中心建设溯源辅助信息系统,有效利用溯源数据服务于海关现场业务和决策。

(二)创新做法

溯源辅助信息系统通过国际贸易"单一窗口"数据通道,实现与全球溯源中心进出口商品的溯源信息交互和应用,完善信息采集通路,辅助海关日常监管,实现效率更高、更精准的有效管控,助力海关在提升通关效能、促进贸易便利化、优化营商环境方面发挥更大的优势。

溯源辅助信息系统有效利用全球溯源中心数据,将其应用于海关日常业务,通过将溯源数据与海关业务系统数据有机结合,应用大数据分析,识别商品流通全链条上的风险,对海关业务中的申报、查验、日常监管、放行和后续管理中申报信息以外的信息进行有效补充,服务于海关现场业务,提供决策辅助和执行辅助。同时,它提供信息比对及辅助研判,实现辅助自动提示、风险预警和统计分析等功能,有效提高现场管理效率,辅助实现管理的前伸后延、执法联动、信息围网。

二、"溯源+跨境结算"创新

2020年8月,中国工商银行广州分行、广州银联网络支付有限公司、云从科技集团股份有限公司依托全球溯源中心打造了广州首批金融科技创新监管试点应用——"溯源+基于多方安全计算溯源认证的跨境结算服务"试点项目。该项目于2020年10月正式上线,是首个基于全球溯源中心标准和规则的开放的"溯源+金融"第三方应用,是唯一聚焦于服务跨境电子商务的金融服务项目。

（一）创新背景

银行在"了解你的客户""了解你的业务""尽职调查"展业三原则下，需要为客户提供便利化的国际结算服务，包括跨境电商出口收款业务、跨境电商平台进口付款业务、市场采购业务出口收款业务和一般贸易进出口收付款业务。银行直接提供金融服务或通过与持牌第三方支付机构合作，为跨境电子商务客户提供跨境结算、货币汇兑等服务。银行为跨境电子商务客户提供的金融服务必须以跨境贸易具有真实、可靠的贸易背景为基础，在提供有关服务前，银行要求客户或合作支付机构提供交易信息、物流信息等交易数据，银行根据现行外汇业务或跨境人民币业务法规要求核实贸易背景的真实性。

由于跨境业务具有笔数多、金额较小、收付汇背景品类非常多、信息"碎片化"的特点，一方面，跨境电子商务经营者可能难以按照银行的要求完整取得上述数据，或获取有关材料的成本较高，为其享受银行的金融服务带来困难；另一方面，银行、第三方支付机构需要通过快递单、纸质单据、人工抽查等方式核查货物物流信息（可能有虚假物流信息），花费大量人力成本，信息准确性也不高，银行对企业提交的贸易信息的真实性不容易甄别。

（二）创新做法

中国工商银行广州分行、广州银联网络支付有限公司、云从科技集团股份有限公司作为全球溯源体系协同共建方，加入全球溯源体系。其中，中国工商银行广州分行作为跨境业务结算行，为跨境贸易提供资金结算服务；广州银联网络支付有限公司作为支付服务机构，为商户提供跨境支付服务；全球溯源中心作为数字经济公共基础设施，为金融服务提供"溯源+"模式的开放应用；云从科技集团股份有限公司提供技术服务。各方遵循全球溯源体系规则，通过监管沙盒应用，对接全球溯源中心信息化系统，在企业的授权下对商品溯源数据价值进行挖掘和应用，运用多方安全计算溯源认证技术，创新"溯源+金融"应用模式，提供跨境结算服务。

"溯源+基于多方安全计算溯源认证的跨境结算服务"项目利用多方安全计算技术，在确保各方原始数据不出域的基础上，将企业加入全球溯源体系共享给全球溯源中心的商品溯源数据，经企业授权后与其跨境贸易数据进行比对核验，丰富商品和商户的信息维度，创新对跨境电子商务结算贸易背景真实性的核验方式，打通各方链路，实现多方真实业务数据融合应用，实现跨境资金服务数据风险可识别、可处置、可控制，提升跨境贸易结算安全性和风控水平，强化金融机构的服务能力，为跨境电子商务企业群体打造更便利、更多样化的金融服务产品。

三、"溯源+信用治理"创新

2020年7月，《广州南沙新区（自贸片区）关于以"信易+"为突破口 高质量建设社会信用体系工作方案》（以下简称《方案》）印发，其中"信易通"场景依托全球溯源中心，将相关溯源信用信息反馈给信用监管部门辅助监管应用。

（一）创新背景

"信易+"是由国家发展和改革委员会提出的守信联合激励措施，旨在让诚实守信主体借助"信易+"系列场景享受与其诚信度相匹配的优惠与便利，通过优先办理、降低门槛等形式激励市民和企业的守信行为。为充分发挥信用在完善社会治理、激发市场活力、优化营商环境的重要作用，南沙加快推进社会信用体系建设。《方案》明确以"信易+"创新为突破口和总牵引，突出南沙自贸区开放型经济特色，分类分批加快推进有实际监管和激励效能的"信易+"应用场景落地实施，实现信用惠民便企。

（二）创新做法

遵循全球溯源体系"共建共享、真实安全、开放便利"的基本原则，"信易+"公共服务平台作为全球溯源体系重要协同应用方，对接全球溯源中心信息化系统，通过企业主体信用信息共享，在全球溯源中心提供以信用为基础的惠企便民服务，实现信用风险精准防控、深化辅助监管应用等场景。

"信易+"通过共享企业主体信用信息，推动全球溯源体系实现对商品从生产、检验、物流、销售、使用到维修保养等全生命周期链条各参与主体的信用识别、核查和监测，强化风险防控和辅助监管。同时，它将全球溯源体系警示信息纳入企业诚信档案，辅助政府行政管理和监管，营造"守信有益、信用有价"的价值导向。

四、"溯源+服务贸易"创新

南沙基于全球溯源中心创新数字服务贸易新模式，打造了全球优品分拨中心数字服务贸易平台。该平台作为广东南沙重点创新项目，在全国服务贸易示范案例颁奖典礼上荣获全国科技创新示范奖。

（一）创新背景

围绕数字经济与服务贸易发展趋势，南沙持续推动经济发展从要素驱动向创新驱动转变，深化服务贸易创新合作。针对外贸服务行业普遍存在话语权不足、服务能力受限，成本和效率改善空间大、数字化能力不强，数据和管理集约化不足等问题，全球优品分拨中心数字服务贸易平台基于全球溯源中心数字经济公共基础设施，聚合全产业链高质量外贸服务要素，形成数字化场景，从贸易服务向服务贸易转变，聚合国际贸易全链路服务商资源，推出奶粉、保健品等品类的全球一体化服务方案，吸引中外品牌商集聚发展。

（二）创新做法

全球优品分拨中心数字服务贸易平台作为协同应用与全球溯源中心全面对接，通过全球溯源中心信息化平台为数据共建方提供商业化数字贸易配套服务。

商品货源从世界各地进入中国，企业作为全球溯源中心的数据共建方，通过全球溯源中心应用全球优品分拨中心数字服务贸易平台的商业服务。该平台在数据共建方授权下，应用商品全生命周期数据，包括商品数据、生产数据、质量数据、物流数据、消费数据等，在金融、通关、仓储物流、供应链管理、知识产权维护、检验检测等方面为企业提出全链条贸易数字化解决方案，提供专业的数字化贸易服务，让贸易全链路可视、货物走向可预测、服务效率可控制、服务选择可仿真，助力企业实现数字决策与数字管理。

五、"溯源+二手车出口"创新

全球溯源中心协同二手车出口企业积极探索"溯源+二手车"行业应用，建设基于全球溯源中心的二手车出口溯源公共服务平台，依托全球溯源中心对接二手车产业链各类共建方，打通二手车流通各环节数据，为二手车出口提供溯源展示等公共服务，增强我国二手车海外市场竞争力，强化二手车境外售后服务体系建设等。

（一）创新背景

从2019年4月29日起，国家正式实施在条件成熟地区开展二手车出口业务的试点政策。2019年10月，商务部、公安部、海关总署三部委联合印发《关于加快推进二手车出口工作有关事项的通知》，不断优化营商环境。2020年11月，国务院办公厅发布《关于推进对外贸易创新发展的实施意见》，指出要建立健全二手车出口管理与促进体系，扩大二手车出口业务，完善质量检测标准，实行全国统一的出口检测规范。虽然我国在宏观政策层面对二手车出口持鼓励态度，但离畅通二手车出口交易链条、建立起中国出口二手车的品牌信誉度，还存在若干政策壁垒和执行瓶颈，行业标准、诚信体系、溯源体系、数字化体系等仍不完善甚至是缺失。

当前我国二手车出口国内业务环节缺少车辆收购、交易、维修、整备、检测、通关、物流等关键溯源信息，因此未能实现车辆全生命周期信息记录，亟须补充车辆从生产出厂到消费使用状况等收车环节前的溯源信息。在国内监管方面，涉及交通管理、商务、海关及税务等多个政府部门，其相互间的数据信息没有实现共享，造成监管流程过于烦琐，存在材料重复多次提交的情况。我国二手车出口要直面日本、美国等成熟国家的竞争压力，须加快创新步伐，改变竞争劣势。

（二）创新做法

二手车出口企业作为协同共建方应用全球溯源中心的信息化工具，打造二手车出口溯源服务平台，服务二手车流通过程中的各方用户，包括二手车商、车辆整备企业、物流企业、终端客户、政府以及监管部门等。平台将二手车在各个流通环节的数据通过信息化手段上传、对接和汇总，使溯源信息有效和全面；溯源结果页面直观展示二手车流通过程中的车商信息、整备厂信息、物流公司信息、监管信息等，同时将各方服务能力排名，通过服务平台的信息交互功能，促进二手车出口链条上各环节的互动，形成正反馈，带动行业共同发展。同时，全球溯源中心与二手车出口企业共同研究车辆全生命周期溯源产业链，探索基于全球溯源中心在二手车行业应用的出口交易、监管、整备和售后服务的规范标准体系，以出口创新"倒逼"内贸汽车产业升级，打造二手车产业链的可信生态圈，实现双循环相互促进，树立中国二手车出口的国际品牌形象。

第三节　全球溯源中心的应用实践

一、社会踊跃参与

目前全球溯源体系应用涵盖一般贸易、跨境电商、市场采购出口等全贸易方式，累计赋码近1.1亿个，溯源商品货值超600亿美元，全球超15000家企业参与溯源，涉及的商品品牌达8716个，已有近1700万人次进行溯源查询。

二、国际高度认可

广东南沙全球溯源实践已得到美国、澳大利亚、西班牙、意大利、泰国等多个国家相关机构、行业协会和企业的积极响应，并被亚太示范电子口岸网络纳入亚太经济合作组织第二批复制推广项目。

三、稳步推进复制推广

立足数字经济公共基础设施的定位，全球溯源中心建立了一套共建共享、开放应用的理论规则标准体系，以及一套支持在全球各行业快速复制推广的全球溯源公共技术，各地可基于共同的理论基础和统一的信息化架构在当地建设全球溯源中心。目前，南沙已与海南洋浦、山东青岛、福建厦门等地达成全球溯源中心共建意向并签署框架协议，福建福州、河南郑州等地已应用全球溯源体系，并提出中心落地后将其复制推广的意向。

四、创新打造优秀样本案例

南沙打造的全球质量溯源体系成为商务部在全国复制推广的八大案例之一，并成功入选"新华信用杯"全国百佳信用案例。全球溯源中心作为新型数字经济公共基础设施，在"数治湾区——粤港澳大湾区数字治理"评比活动中，被评选为数字经济领域创新案例优秀奖。全球溯源中心创新数字治理新模式成为数字治理领域待复制推广的模范样本，被中国社会治理研究会评选为全国社会治理创新案例。全球溯源中心实践成果还获得"第八届中国管理科学奖"、国务院全面深化服务贸易创新发展试点第三批"最佳实践案例"等荣誉奖项，获得社会各界的高度认同。

第九章
全球溯源中心前瞻性研究

第一节　全球溯源中心与数据权益分配

（作者：胡凌，北京大学法学院副教授、中国法学会比较法学研究会理事、网络法领域专家）

一、溯源中心的价值生成

中共十九届四中全会强调，要坚持和完善"公有制为主体、多种所有制经济共同发展，按劳分配为主体、多种分配方式并存，社会主义市场经济体制等社会主义基本经济制度"。多种分配方式并存的关键是要解决按生产要素参与分配的问题。进入新时代，数据越来越成为一种重要的生产要素，创造物质财富的能力随着经济社会发展越来越突出。因此，将数据作为生产要素参与分配符合我国现阶段完善分配制度的内在要求。

2021年7月广东省政府发布的《广东省数据要素市场化配置改革行动方案》提出要释放公共数据价值和激发社会数据资源活力。按照这一理念的指引，不难发现全球溯源中心建设就是一个将商品数据（社会数据）和部分公共数据不断汇聚融合，并加强创新应用，推动市场调节和公共服务相结合的过程。全球溯源中心定位为数字经济公共基础设施，贸易链条上的各个相关方都可以免费加入全球溯源中心，通过全球溯源中心信息化系统，高效便捷地帮助企业实现知识产权保护、品牌提升、贸易便利。品牌商、物流商、贸易商、平台方等都可以加入全球溯源体系，体系与商品平台并不冲突，可以看成一个为各类商品数据提供者打造的全球公共基础设施。

要理解全球溯源中心如何推动数据权益分配的探索与实践，首先要回到全球溯源中心本身的生产方式。全球溯源中心通过分段采集商品全生命周期的碎片化信息，通过分析、校验后形成数字画像并在中心内多方应用来实现商品真实价值的传递及数据价值。全球溯源中心将数字画像分级展示给不同关系方，由关系方自主判断和选择。在这一过程中，至少有两类数据从功能上看是被不断生成和使用的。一类可以称为"展示性"数据，即全渠道商品的生产消费信息，另一类可以称为"辅助性"数据，即用于对共建方和用户进行身份认证、识别、匹配、评估等确保价值体系有效运行的数据。这两类数据对于全球溯源中心均必不可少，价值生产也与这两类数据密不可分。

全球溯源中心的生产模式，是由全球共建方自愿加入全球溯源中心，秉持"共建共享、真实安全、开放便利"的基本原则，在商品全生命周期价值传递过程中提供数据或服务，形成不断扩大的数据资源池。共建方按照其在全球溯源中心内主要功能的不同，分为数据共建方、服务共建方、协同共建方和支撑共建方：①数据共建方是指在全球溯源中心内提供商品溯源数据，并拥有其提供的溯源数据所有权的组织或个人。如企业、第三方机构、消费者、政府部门。②服务共建方是为实现全球溯源中心信息的有效、准确、便利传递，按共建方需求提供服务的机构或组织，如检验检测机构、溯源标识服务商、法律公证服务机构、知识产权保护服务商等。③协同共建方是为优化全球溯源信息化建设提供技术支持，或按共建方需求拓展溯源在产业中应用的机构或组织。④支撑共建方是负责区域或行业的全球溯源中心的建设和运营，具有公共性、公信力的机构或组织。其中数据共建方和服务共建方是全球溯源中心中最直接参与数据要素生产和分配的两大主体。

全球溯源中心对政府部门、企业和消费者用户而言均具有广泛的价值。对于政府部门而言，它们可便捷获取商品全链条价值信息，多元共治实现监管的前伸后延，做出更精准的监管决策，形成事前、事中、事后全链条低成本监管，进一步提升监管效能，提高当地数字治理能力。对于企业而言，它们可便捷获取全渠道商品消费信息，实现商品价值高效触达目标客户，一方面，可以加快企业数字化进程，强化企业数据资产管理能力，改进生产经营方式，实现降本增效；另一方面，全球溯源中心可助力企业维护知识产权，打击仿冒、伪劣等恶性竞争行为，提升品牌竞争力。对于消费者而言，它们可便捷获取商品的真实价值信息，在满足知情权的同时，还可实时反馈对商品的评价，自主参与商品价值信息共享及维护自己的合法权益。因此，全球溯源中心是在高质量商品数据的生产和消费过程之间搭建桥梁，符合当下数字经济生产的一般规律和趋势。

考虑到溯源数据并非由单一的共建方提供，而是凝结了众多共建方提供含有价值的信息而形成的数据，但现行法律对于该等数据的使用规则尚未明确。为了使溯源数据能够得到更加规范地使用，同时也考虑到保证共建方利益的实践需求（保证只要有贡献就有收益的极值分配机制），要在数据流通和数据权益分配之间实现精准平衡。

为了实现上述目的，全球溯源中心通过协议的形式，全面规范中心内数据流动行为，包括数据的采集、公开、应用、流通以及跨境流通的规范，进而制定适合全球溯源中心的数据规则体系。在设定全球溯源中心的数据规则时，依照"真实性"和"时序性"原则，确立共建方对数据的贡献度从而确立其对数据的权益，进而实现控制权和收益权的分离：提供数据的数据共建方在事前享有数据使用的控制权；随着溯源数据被应用并产生价值，共建方根据实际做出的贡献约定事后行使数据的收益权。由此，事前和事后双重权利设计能够有效提供稳定数据生产和推动收益创造的功能。在未来的发展过程中，全球溯源中心还将继续探索"溯源数据"在流转应用过程中的数据收益规则，并根据贡献度向共建方分配该等收益。

二、数据权益分配的理论意义

总体而言，考虑到全球溯源中心现有的生产和运作模式主要以私人主体共建方贡献的商品数据（即社会数据）为主，公共机构共建方贡献的公共数据占比不大，因此本节主要围绕社会数据的分配过程稍做展开，这也是当下研究讨论较为集中的一类数据。数据要素分配的基本原则应当是生产优先和价值共享。就前者而言，在全球溯源中心建设和相关数据要素市场的培育期内，数据要素的初次分配环节需要坚持效率优先的市场化分配导向，让提供数据的各类共建方贡献程度由一定范围内的市场来评价，按贡献决定报酬，摒弃平均主义分配倾向，充分激活市场主体创造价值的动力。就后者而言，全球溯源中心内所有共建方应共享全球溯源中心发展成果，共享形式应通过再分配和第三次分配环节实现，再分配机制不能影响这一经济创新过程和可持续发展，提供更多优质数据的劳动者应享有更多份额。

上述原则背后实际上有着深厚的理论基础。一般而言，数据权利的获取和分配的正当性来自两个维度，一个维度是数据来源于特定主体的活动，由此数据记录了主体活动的内容，是这一活动的副产品，那么组织其活动进行的劳动投入就成了获取这些活动收益的重要动力，例如私人互联网平台通过对市场交易活动进行匹配和组织，进而以用户协议的方式获得对这些数据的占有权和排他使用权；还需通过账户对用户进行持续的追踪，否则获得的数据将是不完整的，也无法更好地进行大数据预测。因此，这一维度集中于数据的控制、生产与分配。另一个维度是数据反映的对象，即相关数据对象的特定权益是否应当得到尊重，例如国家秘密、商业秘密和个人隐私需要得到一定程度的保护。在这一前提下，我们还需要考虑单条信息和数据集合在价值上的不同含义，只有成为数据集而非单条信息，才有更强的动力对该种数据资源进行确认和主张权利。

如果将数据资源首先视为一种集合性资源，就意味着需要对集合性资源的某种数据权利进行确认。在当前社会语境中，特别是基于对大数据重要性的普遍认同下，这似乎是不言而喻的，即单条信息即使有价值也极为有限，而集合性数据不仅能够传播得更远，通过元数据分析也能够获得事先无法设想到的社会价值，这本质上是通过数据对未来进行预测。同时，无论是对单条信息或收集的纯粹个人信息的过度强调与保护，还是授予绝对财产权，都可能产生个体不予授权或谈判成本高昂的情形，结果是数据无法有效地汇集在一起产生集体性价值，在经济学上称为"反公地悲剧"（Tragedy of Anti-commons）。因此，无论是公共数据还是私人数据，对数据集合的相关权利进行确认，并平衡其他相关权益都是合理的数据政策中较为核心的问题。

这种集合性数据权利在理论上可以有三种区分。第一种是将汇集大量数据的集合在法律上抽象地称为"数据池"（Data Pool），并赋予数据收集与管理者以排他使用和获得收益的权利。尽管《民法总则》中并未明确规定数据池财产权，但在大量不正当竞争的案件中，它都通过保护数据控制者架构的方式间接确认特定平台企业对其提供了服务信息（无论是否公开）。这种方式在功能上起到了对数据池权利划清边界的作用，即承认平台企业在遵循一定规则的条件下，通过用户协议合法收集使用用户信息的财产性权利。这种理论的基础主要体现在三个方面：①通过合同约定的方式合法获得用户数据使用权。用户协议多为格式合同，用户需同意平台企业收集和使用其数据的行为，且无法拒绝。②关系理论。这一理论认为，用户的网络行为产生于用户和服务提供者之间的服务关系之中，因此对于其行为数据和隐私，双方均有权利获取和使用，企业为了生产经营和改善用户服务的需要可以对用户数据进行收集分析，这已经成为一种通行的市场行为。③劳动理论。这一理论认为，平台企业为更加有效地获取分析用户数据而进行了大量投入，并付出了更多劳动，因此有权获得基于数据产生的财产权利。目前大部分研究者和法院仍然是以这三种思路开展响应合作。较为直观地看，这种理论事实上保护了平台企业的私人财产权和财产性投入，企业得以基于大量数据产出更多价值，但对于其他竞争对手和更多开发者而言，它们被排斥在这些数据的使用者之外，同时这种理论也忽视了这些数据产自大量用户的劳动。换言之，数据财产权利的边界划分仅仅在组织社会生产的意义上有价值，但尚未涉及分配领域。

第二种是"信托理论"。这一理论不认为数据池是一种排他性的私人财产权利，而强调数据池应当为互联网服务的全体用户所有。为了产生集体性的价值并最终回馈用户，可以在法律上承认一种信托关系，即互联网平台作为数据池的信托人，对全体用户负责，在获取一定收益的同时，承担更多的安全保护义务和社会责任。尽管这种理论只是停留在学术研究层面，但在现实中具有一定的解释力，例如包括《网络安全法》在内的相关规则都在不断加强平台对用户个人信息的保护，也有研究者将其解释为一种平台企业对用户的信义义务。这一理论的困境在于，目前在中国，信义义务更多存在于公司法领域，在其他公共资源领域尚未形成有效的制度设计，因此难以进行比拟。

从前两种理论中还可以推演出第三种，功利主义理论，即从社会福利最大化的目标出发对某种资源进行充分利用，将数据资源视为有价值的资产加以合理规划和利用。因此，关于商品数据/社会数据的法律属性的思考可以有几个层面，既涉及与现有公共资源的类比，也涉及数据本身的自然属性。第一，数据产生于人类活动过程当中，是依据人类活动的一定指标得到的数据化反映，其准确程度依赖于对活动变化的捕捉和覆盖，从这个意义上说，数据是人类活动的副产品，它依附于活动的实施者，并由实施者决定其原初属性。例如，个人信息/数据主要反映了个体生活的主要状况，在法律上主要以人格权价值加以保护；企业或政府等组织的数据产生于这些组织的活动，因此其权益也更多地由这些组织获得。

第二，数据和知识产权类似，属于一种无形资产，具有可以低成本复制传播的特点和优势，但同时也依赖一定的载体和技术手段来加以分析和展示。汇集大量数据的数据集合在传统知识产权法上被赋予数据库权利，简而言之，数据库是按照特定的顺序或方法排列，并具有相互联系的数据信息的集合，著作权法对数据库的保护是对其内容的选择或者编排体现独创性的表达，而不是它所选择或编排的内容本身。但在实际中，服务器承载的大量数据和信息的界限早已超出了汇编作品的范畴，并成为数据池，因此需要法律赋予其集合性财产权利。

与物理资源相比，数据资源的特点是：①具有非消耗性、复制成本低、传播范围广的特点，可以多重增值、二次加工，即数据的更新或变动会产生新型数据产品或新的价值。②这种价值的产生对数据的总量和质量要求较高。③数据可以同时授权多主体开发使用，使开发规模和可获得的社会收益成倍增长。④数据交易或开放的实质是数据开发和使用权授权，而非所有权转移，即数据控制者与使用者的身份不能混同。⑤在开放过程中存在信息安全隐患，不仅可能涉及对计算机系统的安全影响，也会涉及数据中承载的多种数据主体利益的冲突和滥用。

此外，信息/数据要素在整个数字经济发展过程中一直存在，且通过独特的商业模式加以利用，已经形成了相对稳定的发展路径。其核心要点是，着眼点始终在生态系统的构建，而非单一要素使用边界的明确划定，通过合同关系而非法律规则来确定生产要素的灵活调取使用，这在整个分享经济过程中都表现得十分明显。

第三，社会数据中的价值往往需要依托强有力的市场基础设施才能实现。不断延伸的信息基础设施不仅在功能上可以帮助整体市场有序运行，也能增加数据要素的效能和价值，具有强烈的公共性。具体而言，①精确的身份认证和识别使服务提供者可以实时追踪到用户，收集账户产生的行为数据并进行分析。在真空中分析的行为数据即使符合真实，也会因为无法接近用户账户而丧失其实际价值。只有将数据分析结构和账户体系结合起来，通过广告等方式进行个性化推送，才能确保数据具有实际的和真实世界相互联系的价值而非凭空生成的泡沫，以此提升整个价值链条。②自动化的网络匹配将生产端和消费端联系在一起，可以更加快速地实现经济循环。数据的价值部分来自行为者劳动的剩余，部分来自数据分析，还有部分来自分发和反馈，很难说作为生产原料本身的数据产生了何种价值。③数据还需要进行标准化处理，除了收集和技术层面的标准化，还有对要素评价的标准化，即评分的统一机制，这使不同市场参与者的产出具有可以衡量的统一标准。从这个意义上说，信息性基础设施不仅能够起到组织生产和确保安全可信的功能，还能够发挥提升要素价值和数据价值的积极市场功能。

前述展示性和辅助性数据都可以超越场景而得到使用：展示性数据可以通过共建方的数据贡献而转移，辅助性数据需要标准化后进行共享。但从根本上来说，只有成为基础设施的辅助性数据才能提升展示性数据的价值，并成为全球溯源中心竞争力的真正来源。这一措施也包括基于新基建政策进一步推动低成本共享物理设施，如云储存服务或者安全服务。换句话说，需要不断把展示性和行为数据通过数据产品或其他方式转化为辅助性数据，提升其基础设施意义和公共性。从经验看，商业化的社会数据要素市场演化路径主要沿着三个步骤逐渐凸显：先是对信息内容进行免费利用，将大众生产者和消费者拉入同一个市场体系，再深入挖掘行为数据，对交易双方行为进行分析和预测，巩固数据主导的新型生产方式，最后是塑造各类信息性基础设施，如认证和评分，并将基础设施逐渐延伸至更多市场要素。全球溯源中心在一定意义上也可以通过类似路径拓展自身的业务范围。

三、数据权益现有的分配实践

从全球溯源中心的具体实践看，可以从数据要素价值产生的事前和事后两个角度观察数据权益如何分配。从事前角度看，特定数据权属在事前进行配置，有利于提供充分的政策和制度激励。全球溯源中心制度突破的一大特色就是创设数据权利，鼓励数据的贡献和流通。

传统上，对"物"的收益是建立在"独占"的基础上，即收益的来源在于对"物"的独占性使用，或者基于独占性允许他人使用。这种独占性可能出于"物"的性质，比如动产和不动产，其可以自己使用也可以出租获益；也可能出于拟制的独占性，比如知识产权，其可以自己使用也可以对外许可获益。而"溯源数据"既不是物，也不是知识产权，其没有法定的法律权利地位，这为通过协议手段设定数据贡献者对所贡献数据的权利留下空间。全球溯源中心在设定溯源数据权益时作出了如下思考探索：①出于鼓励数据共建方向全球溯源中心共享数据，拟给予溯源数据的共享方一定的合理报酬，即允许溯源数据共享方从其共享中获益。②溯源数据的价值具有不确定性，单条溯源数据的价值有限，但是经汇集和分析之后，其价值可能有质的飞跃。在使用分析数据之前，无法确定数据价值，这就决定了数据的价值无法事先确定，而是只有在后续使用时才能显现。因此，需要以最终使用收益为基础制定溯源数据利益的分配机制。③为了保证共建方上传数据的积极性，无论是公开的溯源数据还是非公开的溯源数据，开发和利用溯源数据均应当考虑到各类共建方的合理意愿、合法权益，以及操作的便利性，因此需要为溯源数据的上传与特定范围内公开，以及数据的控制权和收益权的统一协调作出安排。

基于上述考虑，全球溯源中心为数据的"确权"和"流通"使用提出了以"真实性原则"和"时序性原则"为基础的数据权益分配模式以及授权流通的数据规则要求。溯源数据可以包括不特定的共建方对商品的某一特性的描述，数据共建方对其共享的数据具有一定权益，在商品流转过程中，不同参与方都可以对同一商品的某一特征进行相同或不同的描述。考虑到鼓励各数据共建方向全球溯源中心共享数据，需要确定数据共建方对其共享的数据享有的权益，但又不能允许其垄断数据，即在某一共建方向全球溯源中心共享数据之后，仍然允许和鼓励其他共建方就同一商品同一特征共享相同或不同的数据，以达到不断就同一商品同一特征积累数据，通过层层校验，使画像数据不断趋于真实的效果。

全球溯源中心的具体设计规则是，第一，数据共建方向全球溯源中心上传的关于商品的某一维度的数据皆为"溯源数据"。全球溯源中心鼓励各数据共建方就商品的一个维度分别提供溯源数据，从而达到互相校验，综合判断的目的。各共建方依照其向全球溯源中心上传的溯源数据享有溯源数据基础权利。

第二，全球溯源体系下，各类共建方上传的"溯源数据"将形成反映特定真实商品某一维度的"真实商品画像数据"。由不同共建方上传的"溯源数据"形成的画像数据，不同的共建方将依据各类共建方在形成画像数据过程中上传"溯源数据"的实际贡献比例对画像数据享有权益。该贡献度按照如下原则确立：①共建方提供的溯源数据与画像数据的接近程度；②共建方贡献的溯源数据的前后顺序。各数据共建方根据各自贡献度以"按份共有"的方式行使对于"画像数据"作为溯源数据的"溯源数据基础权利"。

第三，在适用法律允许的范围内，除非另有约定，数据共建方可以通过以下方式，在全球溯源体系内，行使就溯源数据享有的溯源数据基础权利：①禁止其他各类共建方未经其同意复制、存储、使用、加工、传输、对外提供或者公开该等溯源数据；②禁止其他各类共建方以其名义，就溯源数据向任何的共建方主张任何形式的权利；③允许其他数据共建方复制、二次开发、对外提供、存储以及以其他方式处理溯源数据。

从事后角度看，还可以进一步探索溯源数据在公共服务基础上的市场化实践，引入更多市场参与者。有必要逐步整合公私两类数据交易平台，强化供给侧，真正利用公共数据吸纳和带动更多社会数据加以循环利用。一旦实现，逐步探索数据的定价机制等就会变得更加可行。全球溯源中心可以探索的一项交易服务，是在共建方提供数据后，在数据交易前对数据进行预处理，从而为交易双方进一步形成定价策略提供基础。数据需求方和数据提供方在初步进入交易时，对于数据价值的认识偏差往往较大，而数据交易平台将数据作预先处理后再提供交易，将数据从原始数据转化为用户可直接使用的数据产品，经平台预处理得到的具体确定的价格，可以大大减少数据交易双方的谈判成本。平台的预先处理有助于保护隐私及底层数据。加工后的数据产品更适于在数据交易所进行交易。预先处理面临的主要障碍主要是技术层面的，特别是取决于数据交易所的相应技术能力。

目前成熟的数据市场已经逐步形成了包括获得金钱或非金钱收益在内的多元分配方式，各类数据主体可以通过不同方式从其生产的信息/数据中获益，包括工资制定期付款、广告收益分成、优惠补贴、信息对价、打赏等，这些分配机制是通过财产权获利的有效替代分配方式。未来全球溯源中心还需要进一步结合实践对数据权益分配制度过程进行理论和设计上的深入研究，特别是围绕溯源数据权益配备的事前边界和溯源数据权益的事后分配模式两大问题。我们相信，全球溯源中心将帮助探索出一条前人从未走过的数据权益分配之路。

第二节　全球溯源中心与国际规则

（作者：庞翔，国家市场监督管理总局信息中心原副主任、标准与合格评定领域专家）

一、商品溯源的本质

商品溯源要解决的是商品在流通中比较严重的信息不对称问题。

在纷繁的市场中，商品从生产制造商到最终消费者，中间往往经历了很多环节。从贸易环节看，生产商销售自己生产的商品，第一手贸易商从生产商采购商品，转手卖给下家贸易商，下家贸易商可能再转卖给其下家贸易商，经中间某个贸易商转卖给零售商，最终由零售商卖给消费者；从物流环节看，商品从生产商仓库出库，经远洋、内河、航空、公路、铁路等运输方式运到贸易商指定的仓储地，在贸易过程中又可能被运到其他仓储地，最后到了零售商的货架，最终交到消费者手中。在众多的流通环节中，难免会有不诚信者在利益驱动下让商品的真实信息断链，最终到消费者手中的可能不是消费者选购的真实商品。

即使到达消费者手中的是源头无误的真实商品，消费者获得的商品信息多数是不全甚至是误导的，消费者很多情况下是受媒介宣传影响，而不是基于事先了解的商品真实信息理性消费。商品信息的来源多是商品的生产商，在市场竞争和利益驱使下，生产商、贸易商或销售商难免一方面隐藏商品质量欠佳的信息，另一方面夸大宣传商品的性能。另外就是商品生产地的法规要求不同造成了不同来源的商品质量信息的差异。《中华人民共和国产品质量法》规定，产品质量应当符合产品或者其包装上注明采用的产品标准，产品或者其包装上的标识须有产品质量检验合格证明。基于法规要求，国产的商品都标注有商品符合的标准，但是进口的商品，特别是通过跨境电商进口销售的商品多数没有标注商品符合的标准，大多消费者都是基于惯性思维认为进口的商品都是好商品，但实际上，外国商品的质量不一定都好，如果对照同样商品的质量标准，有些外国商品还不如国产商品的技术标准高。

所以，针对商品在流通中比较严重的信息不对称问题，商品溯源的本质就是要建立从商品供给端到商品消费端的全程（生产制造—贸易—物流—仓储—零售—消费者）可追溯信息链，努力使商品消费端与商品供给端的信息对称。这是一项集成性的创新工程。建立这种信息对称，不仅能够引导消费者基于真实的质量信息理性消费，也能够通过透明的质量信息和消费者的理性消费促进企业间的公平竞争。

二、商品溯源可追溯信息

如上所述，商品溯源的本质是使商品消费端与商品供给端的信息对称，应该实现对称的信息可分三类。

一是商品的标识信息。此信息体现商品的唯一性，不管商品出厂后流向世界何方，通过商品的标识信息都可以准确追溯商品的来源，因此可以确保消费端获得的商品是来自所需的真实生产制造端。同质、同性、同名的商品众多，所以必须要对每一个商品进行身份标识，这个标识信息必须是唯一的，以确保从商品生产源头到最终消费者的中间各环节按照这个唯一标识传递商品信息而不会出错。因此商品的标识信息是溯源的要素之一。

二是商品的代码信息。此信息体现商品的类别，便于商品流通各环节对商品信息的命名、归类、计价、比价、查询、统计等。比如，中国消费者要选购进口蜂蜜，蜂蜜有确定的商品代码，不管是中国人还是外国人都使用这个确定的代码，通过这个确定的代码，到了外国供应商那边就知道中国消费者需要购买的是"Honey"（蜂蜜），于是供应商提供代码相同而品质不同、价格不同的各种"Honey"信息给中国消费者，通过确定的代码，中国消费者就能看到可供选购的不同品质、不同价格的蜂蜜。因此，商品代码信息也是不可缺少的溯源信息。

三是商品的质量信息。此信息匹配消费端对商品属性、性能的需求。关于商品的质量，广义来说商品的接收者对商品属性、性能的需求就是商品质量；按照 ISO 9000 标准中的定义，商品质量是商品的一组固有特性满足要求的程度；具体到可操作层面，人们把商品能够满足的需求写成技术标准，商品接收者对商品标准的接受程度就是质量。从消费者角度看，质量信息才是消费者最需要获取的信息，因此质量信息是商品溯源的最重要信息之一。

商品的质量信息由两部分构成，第一部分是消费端要求商品应满足的技术标准或者是供给端声称商品满足的技术标准；第二部分是商品是否真实满足相应技术标准的要求。第一部分就是商品的技术标准信息，第二部分就是商品的合格评定（Conformity Assessment）信息。

三、商品的标识信息

在现实中使用最普遍的商品标识信息是商品标识编码。我们通常见到的零售商品包装上的条码就是零售商品标识编码。条码是有相同特性和规格的一种商品的标识编码，在相同条码的商品内还有不同批次商品的批号或序列号，批号或序列号是在同一条码范围内不同批次或单体商品的标识信息。除了零售商品标识编码外，商品标识编码还有物流单元编码、储运包装箱编码、车辆识别代码等。

由于商品标识编码的唯一性，在商品溯源应用中，可以利用零售商品标识编码承载商品的技术标准信息以及部分合格评定信息。如果把零售商品标识编码与商品的批号或序列号结合起来，组合的商品标识信息就可承载完整的合格评定信息。

对于不是生产线生产包装的散装水果等农产品，因为没有零售商品标识编码，则可以利用物流单元编码或储运包装箱编码承载原产地信息以及部分合格评定信息。

零售商品标识编码、物流单元编码、储运包装箱编码等都是国际通用的物品编码，是国际物品编码组织（GS1）确定的标准，基于GS1标准体系的物品编码在全世界都能够被扫描和识别。因此，符合GS1标准的物品编码可纳入全球溯源中心的商品溯源信息。

在商品上加贴二维码也是提供商品标识信息的一种方式。但是部分企业或组织自行研发的二维码追溯系统并非基于通用的国际标准和规则，在一定范围内是可行的，但是放眼全球可能并不通用，不能在世界各地被识别。如何制定全国甚至全球通用的二维码标识应用标准，以保证溯源二维码在全球范围内以统一的规则得以实施应用就显得尤为重要。

四、商品分类代码

表示单个商品所属的种类和属性的编码是分类代码，分类代码将具有相同属性的商品归为一类。常见的分类代码有联合国统计委员会制定的产品总分类CPC（Central Product Classification）、世界海关组织制定的商品名称及编码协调制度HS（Harmonized Commodity Description and Coding System）。我国国家标准《全国主要产品分类与代码　第1部分：可运输产品》（GB/T 7635.1）以CPC为基础，中国海关对进出口商品的管理采用的是HS。

由于我国商品流通采用了两种商品代码体系，全球溯源中心可将两种代码体系均纳入系统，并设置CPC和HS代码对照转换程序，以便能够对接兼容国内市场流通商品与进出口商品的各种商品管理系统。

五、商品的技术标准

每种商品都有其品质特性，品质特性包括物料成分、色彩、物理状态、形状、尺寸、物理性能、使用功能等，而且商品的品质特性必须是相对固定的。为了使同种商品的每一件都有相同的品质特性，必须有商品的技术标准，技术标准规定了商品的品质特性。确定商品品质特性的技术标准称为商品的品质标准或规格标准（Specification Standard）。通常品质标准确定了商品的各项品质指标，同时也明确了每项指标的检测方法或检测标准。

技术标准有很多种类，由国际组织制定的在全世界统一使用的是国际标准（如国际标准化组织制定的ISO标准、国际电工委员会制定的IEC标准等）；由一个国家的相关机构制定在其国内统一使用的是国家标准（如中国的GB标准、美国的ANSI标准、德国的DIN标准等）。中国的标准体系还划分为地方标准、行业标准、团体标准、企业标准等。从全球范围看，国际标准、国家标准通常出现在统一的安全、卫生、环境要求方面，以及能够起到技术引领或推荐作用的统一规范方面。在纷繁众多的商品生产制造中，数量最多的还是企业自己的标准。企业标准的技术水准不一定就比国际标准、国家标准低，甚至很多企业标准的技术要求远高于国际标准、国家标准，体现了其在某个领域的创新性，甚至内含一些专有技术或技术秘密。

从企业维护商业秘密的角度来说，企业往往不愿完全公开自己的商品标准。但是为了让消费者了解其商品的品质、保持商品在市场竞争中的优势，同时使消费者基于质量信息来选择消费，企业必须公开其商品标准中的品质指标信息。因此，商品的合格评定在一定程度上解决了企业面临的这种矛盾。

六、商品的合格评定

根据国际标准ISO/IEC17000《合格评定——词汇和通用原则》中的定义，合格评定是指"与产品、过程、体系、人员或机构有关的规定要求得到满足的证实"。

合格评定有三种类型。第一方合格评定由生产商或供应商自己开展，其结果通常以自我声明的方式体现；第二方合格评定由商品的直接采购方（通常是大型连锁零售商、批量贸易商品的买方等）自行开展或委托专业的机构开展，其评定结果一般由采购方自己掌握使用；第三方合格评定由独立于卖方和买方的第三方专业机构开展，其评定结果提交给合格评定申请人的同时，可由合格评定机构公开发布。

第三方合格评定是严格基于国际标准的一套完整的国际规则，因此在全球通用，并被商品流通各相关方共同采信。全球溯源中心对于质量的溯源可包括三种不同类型的合格评定，平等采信，互相校验。

合格评定包含了四个基本术语：检验(Inspection)、检测(Test)、认证(Certification)、认可(Accreditation)。相应地，四个基本术语分别对应四套以相应国际标准为规则的合格评定活动。

检验

ISO/IEC17020 Conformity assessment—Requirements for the operation of various types of bodies performing inspection（合格评定　各类检验机构的运作要求）

检测

ISO/IEC17025 General requirements for the competence of testing and calibration laboratories（检测和校准实验室能力的通用要求）

认证

ISO/IEC17021 Conformity assessment—Requirements for bodies providing audit and certification of management systems（合格评定　管理体系审核认证机构要求）

ISO/IEC17065 Conformity assessment—Requirements for bodies certifying products, processes and services（合格评定　产品、过程和服务认证机构要求）

认可

ISO/IEC17011 Conformity assessment—Requirements for accreditation bodies accrediting conformity assessment bodies（合格评定　认可机构要求）

贸易、商业中通常讲的合格评定是检验检测认证活动，从事这些活动的机构分别是检验机构、检测机构（实验室）和认证机构。认可机构是对检验、检测、认证机构的能力进行评价的机构，也就是评定和监督检验、检测、认证机构的活动是否符合相应国际标准的机构。按国际通行规则，检验、检测、认证机构的水平和资质是认可机构评价后确定的，社会各方都相信认可机构的评价，从事检验、检测、认证服务的机构需具备认可机构签发的认可证书，有资格使用认可标志才可被各方相信并使用其提供的合格评定服务、采信其合格评定结果。

认可机构的能力水平是否符合相应的国际标准，这由相应的国际组织采用同行评审的方式进行确定和监督。国际实验室认可合作组织（International Laboratory Accreditation Cooperation，ILAC）是检验机构和检测机构（实验室）方面的国际认可合作组织。国际认可论坛（International Accreditation Forum，IAF）是认证机构方面的国际认可合作组织。按国际认可组织的惯例，通常一个国家只确定很少量的认可机构。中国的认可机构是中国合格评定国家认可委员会（CNAS）。在国际认可组织框架下，各国认可机构之间相互承认各自的认可结果。

具体到商品来说，合格评定是证明商品的特征是否符合相关标准的手段，有助于确保提供方按照自己的承诺或需求方的要求提交商品。对于消费者而言，消费者也可从合格评定中获益，因为合格评定为消费者提供了基于质量选择商品的依据。

检验、检测、认证是三种通用的合格评定方法，既然是三种方法且遵循三个不同的国际标准，它们之间当然是有区别的。

1. 商品检验

商品检验是对商品成品开展的合格评定，但绝不是随便拿个成品去检测就得出结果那么简单。从事商品检验的机构须按照ISO/IEC17020运行并获得相应的认可资格，机构内的检验人员必须具备专业的检验员职业资格。检验活动过程大致分为抽样、混样制样、检测、评定、出具检验证书（Inspection Certificate）五个环节。

抽样须识别和区分商品的生产批次和批量，逐批按批量计算应抽取的数量，抽取数量的计算须遵守以数理统计为基础的抽样计数标准［如ISO 2859-1 Sampling procedures for inspection by attributes　Part 1:Sampling schemes indexed by acceptance quality limit (AQL) for lot-by-lot inspection（计数检验抽样程序　第1部分：按可接受质量界限(AQL)检索的逐批检验抽样计划）］。即使确定了应抽取的商品数量，针对在生产流水线流动的成品中抽样、在仓库的堆放成品中抽样等特定情况，还规定有不同的抽取方法。合理抽样是检验活动的关键，抽取的样品对整批商品的代表性决定了检验结果的准确性。

抽取了若干商品样品后，具备混样条件的应把同一批样品混合成均匀状态，然后对混合的样品进行缩分，取缩分的小样送实验室检测，以该小样的检测结果代表整批商品的检测结果。不具备混样条件的，只能把所有样品送实验室逐个检测，将每个样品的检测结果进行加权平均后得出整批商品的检测结果。

检验员获得实验室的检测报告（Testing Report）后，要结合抽样环境、抽样过程、混样制样情况、实验室对样品的检测报告等进行综合评定，检验机构对评定结果进行审核后签发检验证书。检验证书的格式、内容等也必须符合相应的国际标准的要求。

检验证书证明一批或若干批商品对相应标准的符合程度。一项商品检验由一次检验活动完成，相应的检验证书为一次有效。

2. 商品检测

从事商品检测的机构就是通常说的检测实验室，实验室须按ISO/IEC17025运行并获得认可机构的认可。

检测侧重于单一的商品样品。实验室接收被检样品后，按检测仪器设备的分析测试条件要求对样品进行前处理，之后用仪器设备分析测试得出相关结果数据，汇总各项检测数据后出具检测报告。检测报告的主要内容是描述被检样品来源、列出相关的检测数据并注明检测方法，有时也评定被检样品对相关商品标准的符合程度。因为检测只是对样品进行分析测试，实验室通常不掌握被检样品对相关商品的代表性，所以检测报告都会有类似"只对来样负责"这样的免责条款。

3. 商品认证

从事商品认证的机构须按ISO/IEC17065运行并获得认可机构的认可，认证机构内的认证人员必须具备专业的认证职业资格。

商品认证侧重于商品的生产过程，通常的商品认证模式是初始工厂检查+产品型式试验+获证后监督。认证人员到商品的生产工厂对其质量管理以及从原料到成品整个过程的质量控制情况进行检查，确认生产过程中有连续稳定的质量控制，再抽取成品送实验室检测查看样品是否合格（符合相关标准）来校准生产过程，成品质量稳定合格后，监督生产工厂按照确定的生产过程进行生产，后续出来的成品就能持续合格（符合相关标准）。完成这个过程后，认证机构签发相应的认证证书证明商品符合相应的标准。认证证书在一个阶段内有效，时间通常为三年。在证书有效期内，认证机构必须持续监督被认证商品的生产工厂，确保后者的生产过程持续符合认证要求，确保出厂的商品持续符合认证证书描述的评定结果。认证证书过期后，如果生产工厂需要，则认证机构对其开展再认证，再认证即开启新的一轮认证活动。

认证证书在有效期内证明认证范围内的所有商品对相应标准的符合程度。

综上，商品的检验、检测、认证都是对商品进行合格评定的方法，它们之间的区别如下。

从合格评定覆盖对象看，三种合格评定结果覆盖的评定对象范围不同。检测的对象是样品，检验的对象是划定批次的批量成品，认证的对象是一个时期内出厂的所有成品。

从采信可靠性看，三种合格评定的可靠性是有所不同的。检验基于数理统计对商品逐批进行抽样分析测试，所以检验结果的可靠性最高；认证主要基于对商品生产过程的检查和监督，在一个时期内证明所有出厂商品符合标准，但是认证机构不可能每天每时对被认证的商品生产工厂进行监督（实际上认证的监督检查活动通常是一年进行一次），相比之下，认证结果的可靠性没有检验的可靠性高；检测只针对样品，检测报告只对样品负责，所以用检测结果推断批量的商品质量是没有意义的（检测是不对批量商品进行评定的）。因此，对比三个合格评定方法的国际标准可以看到，检测的国际标准ISO/IEC17025的名称中没有冠以"Conformity Assessment"（合格评定）。

从合格评定的成本看，三种方法的成本有较大差异。检验要按批次批量基于数理统计抽取样品进行分析测试，多数的分析测试对样品而言是破坏性的，样品损耗成本加上分析测试费用，即使不计检验机构的服务费，检验的成本都是比较高的；检测只针对样品，毫无疑问合格评定成本最低；认证由认证人员对生产工厂进行检查和监督再加上少量的样品检测，认证结果在一个时期（通常为三年）内有效，并且认证结果为商品流通各方共享，所以认证的合格评定成本相对检验是较低的（从合格评定的历史看，是先有检验而且存在了较长时期，后来为了降低合格评定的成本才开创了认证方法）。

检验的可靠性比认证高，但是合格评定成本高；检测的成本低，但是检测结果对批量商品没有代表性（在商品的合格评定中，检测的作用主要表现在两方面，一是生产工厂通过样品检测来校准生产过程生产工艺，二是对检验和认证起支撑作用，是检验和认证活动过程的一个重要环节）。

鉴于三种合格评定方法的特性差异，在商品合格评定方法的选择上，通常需要根据商品本身的特性，在可靠性和成本之间进行权衡。比如，对手工辅助依赖性高、生产工艺不稳定的商品，多数用检验方法；对食品之类对人的健康卫生安全有重要影响的商品，基本上是检验和认证并用，通常批量商品买方会把商品认证作为向生产商采购的前提要求，在商品交付时还会把逐批检验合格作为收货条件；对汽车、大家电之类难以承受损耗性检验成本的商品，则只能采用认证方法。

七、以国际规则为基础的商品溯源模式探讨

商品的标识、代码、质量（标准与合格评定）是商品追溯的要素信息。全球溯源中心可以把这些要素信息作为溯源的一部分内容并加以组合应用，以实现商品流通全过程的信息对称。图1是基于相关国际规则的商品溯源的模型示例。

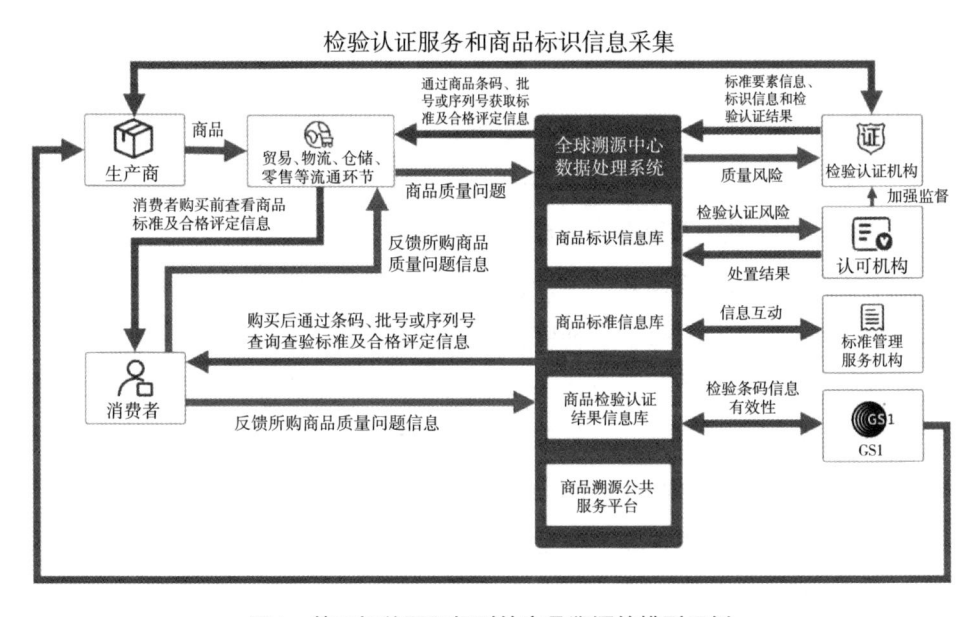

图1　基于相关国际规则的商品溯源的模型示例

上图的模型可以按功能划分为商品流通、合格评定、溯源中心、辅助服务四个模块，其中溯源中心是溯源相关数据交换、存储、核验、应用服务等的中枢，详细解释描述如下。

商品生产商向合格评定机构申请检验或认证，检验认证机构开展合格评定后采集相关商品的标识信息（条码、批号或序列号）。

检验认证机构把可公开的以及获得相关方授权的商品合格评定结果数据连同相关商品的标识信息和标准要素信息传给溯源中心。

溯源中心将收到的商品的合格评定、标识和标准要素信息数据进行格式化处理，形成标准字段统一的溯源数据。经授权的溯源数据在公共服务平台形成各种应用方案供各方使用。标识信息和标准信息可在国家的GS1及标准化服务机构的服务系统中核验。溯源中心收集商品流通各环节反馈的商品异常或不对称信息，如比对校验分析确认有异常质量信息存在，把异常信息反馈给相关检验认证机构并要求核查和反馈，同时可以把异常信息推送到相关认可机构，由认可机构对相关检验认证机构进行监督。

商品流通各环节主体通过商品标识信息（条码、批号或序列号），在全球溯源中心信息化平台中获取商品的质量信息（标准要素信息、合格评定结果信息、合格评定机构信息等），并反馈其所掌握的商品相关信息。如发现商品存在信息不对称、质量不合格等异常信息，可以将异常信息反馈给溯源中心。

溯源数据的流转应用会以市场机制形成溯源相关方参与的动力，这种动力是由消费端撬动的。全球溯源中心打造的消费者权益保护公共服务平台让消费者购买前就能获取商品质量、流通等信息，购买后能够核验质量信息的真实性，商品消费端与源头形成的信息对称会促进消费者基于透明的质量信息理性选购；消费端的选择会推动更多的生产商使用检验认证机构的服务，追求优质商品的信息传递；生产商的积极参与会使更多的检验认证机构获益，这样就会有更多的质量信息及证书核验数据传送到溯源中心；溯源中心公共服务平台提供更多的溯源数据应用方案，包括消费端在内的流通环节各方获得更多的基于质量信息的选择；促进更多的生产商参与商品合格评定并将质量信息在溯源生态中共享，形成良性循环。

这样基于国际规则的溯源模式，不管是对中国国内商品流通市场还是对进出口商品流通贸易，乃至对国外商品流通的溯源都是适用的，可以作为一种全球商品溯源方案。

八、实现上述溯源模式要解决的几项基础问题

第一是溯源中心的溯源数据系统，建设这样的信息系统是一项大工程。

全球溯源中心目前已经打造了一套先进、高效的信息化系统，为全球商品溯源机制的运行奠定了软硬件基础。

第二是向国内及世界各地的检验认证机构宣传，吸引它们加入全球溯源中心这个项目，这样才会有初期的商品质量真实性核验溯源数据。符合国际规则的第三方检验认证具有传递信任的本质属性，其多数结果本身就是公开信息，生产商通过这种公开信息获得客户信任从而增加产量和利益。溯源中心以市场机制和信息化方法推动检验认证结果得到商品市场广泛采信，这能够增加检验认证机构的业务量，为其带来利益，所以这些机构理应有参与积极性。

第三是建立商品标准要素信息收集整理工作的基础和机制。伴随检验认证结果连带的商品标准信息，有些带有具体的商品特性指标信息，有些可能只有标准编号和名称信息。要提炼出这些商品标准要素信息并形成中英文对照格式的信息，需要一组专门的工作团队与国家及地方相关标准化服务机构形成互动合作。

第四是需要与中国物品编码中心建立合作关系，得到该中心在商品标识方面的服务支持。中国物品编码中心是国家市场监督管理总局直属事业单位，代表我国加入国际物品编码组织（GS1）并向全国相关方提供商品编码服务。

第五是建设符合多种商品贸易方式的溯源应用方案，并在电商平台首先推广应用。商品溯源是大数据应用的一种技术方案，特别适于在电子商务中推广应用。只要能够建立电商平台的应用并辅以面向消费者的宣传，就有条件通过消费者在电商平台的理性消费撬动溯源信息数据的流转和滚动扩展。

第三节　溯源+新型离岸国际贸易"南沙模式"政策体系研究

（作者：溯源+离岸贸易课题组）

"重点支持基于实体经济创新发展和制造业转型升级、提升产业链供应链完整性和现代化水平而开展的新型离岸国际贸易（简称'新型离岸贸易'）"

是中央的战略部署。传统的离岸转手买卖由转口贸易演化而来，新型离岸贸易则根植于全球价值链国际分工体系，核心模式是跨国公司决策及贸易控制中心与协同生产体系相对分离。随着国际环境或从"离岸"时代走向"友岸"时代，离岸贸易范式变革正加速启动，协同港澳打造新型离岸贸易，围绕交易定价权、贸易控制权、规则制定权，对标全球最高水平开放标准，加大压力测试力度，持续增强大湾区全球要素资源的汇聚浓度、链接力度和辐射广度，实现从规模扩大到能级跃迁。

一、新政背景下南沙发展新型离岸贸易的机遇

（一）国际环境从"离岸"时代走向"友岸"时代，提高了产业升级壁垒

近年来多重因素叠加推高了离岸生产及国际贸易的风险。一是部分国家推动全球价值链"去中国化"，发达国家加大对高技术环节的控制力度。二是新冠肺炎疫情蔓延凸显了加强供应链韧性的需求的迫切性。三是区域贸易自由化深入发展，贸易政策导向由效率优先向安全优先转变。四是俄乌冲突引致国际经贸格局突变。综合来看，这些动向加大了南沙现代产业体系参与全球产业链的成本和风险，提高了通过全球资源整合实现产业升级的壁垒，打造新型离岸国际贸易"南沙模式"的迫切性在增强。

（二）近年来我国新型离岸贸易发展的政策脉络

回溯2009—2015年，转口贸易、保税区内仓单/提单转卖等离岸业态火热，为跨境资金流动带来一定风险。2016年，国家外汇管理局首次发文，从"真实性审核"角度规范了离岸转手买卖的外汇收支管理。2016—2019年，监管层面全面叫停转口业务操作。2019年后部分地区试点"白名单"机制，同时中央银行、外汇管理局加大了对支持制造业转型升级、建设一流高科技产业园区的调研力度。自2020年年末起，国家在海南、苏州工业园区，厦门等地区先后开展支持新型离岸国际贸易发展试点。2021年，国务院、国务院办

公厅分别下发了有关规划文件。2022年3月，商务部提出将培育一批离岸贸易中心城市（地区），同月生效的关于境外贷款业务的文件，与此前支持新型离岸贸易的文件形成了联动，对基于真实的新型离岸国际贸易开辟跨境供应链金融服务蓝海、助力中国企业出海具有重要意义。

（三）发展新型离岸贸易有助于南沙制度性开放突破瓶颈

我国从贸易大国迈向贸易强国亟待突破瓶颈，2022年需求收缩、供给冲击、预期转弱三重压力影响深远。南沙发展离岸贸易有四方面作用。一是促进能级提升，从依赖港口的传统贸易中心向具有贸易资源配置功能的全球贸易控制中心升级。二是继续推动制度集成创新，使之成为检验高水平开放平台开放政策体系建设成效的试金石。三是在贸易信息整合、贸易资金管理方面更主动地融入世界。四是集聚港澳专业服务，为打造基于现代产业高地的全球服务中心积蓄动能。综合来看，服务中国企业出海、发展新型离岸贸易对于南沙推动"四链"融合互促，打造链接双循环重要枢纽节点具有重要的现实意义。

二、发展新型离岸贸易的关键是防范外汇管理中的贸易真实性风险

（一）真实性审核是我国外汇管理的核心内容

真实性（Authenticity）是我国外汇管理对国际承诺的原则问题。1996年12月我国宣布接受《国际货币基金协定》第八条，真实性审核在该协定中有体现，是涉及"不构成外汇限制，不违反可兑换承诺"的原则问题。根据协定，一国货币当局可以要求交易者出示有关单据以表明其某项对外支付的真实性；实施真实性审核的主体可以是一国货币当局，也可以是商业银行；既可采取逐笔审核也可进行抽样调查，既可事前开展审核也可事中事后管理。

经常项目外汇管理法规体系以真实性审核要求为主线。真实性审核的具体实践始于1994年国家外汇管理体制改革，在取消了经常项目正常对外支付

用汇的计划审批后，需持有效凭证到银行办理兑付。1996年12月，我国宣布实现人民币经常项目可兑换，同年出台的《中华人民共和国外汇管理条例》中明确了真实性审核要求："第十四条　经常项目外汇支出，应当按照国务院外汇管理部门关于付汇与购汇的管理规定，凭有效单证以自有外汇支付或者向经营结汇、售汇业务的金融机构购汇支付。"

2008年，国家对此条例修订后，第十二条强调了"经常项目外汇收支应当具有真实、合法的交易基础。经营结汇、售汇业务的金融机构应当按照国务院外汇管理部门的规定，对交易单证的真实性及其与外汇收支的一致性进行合理审查。"据此，经常项目外汇管理以真实性审核要求为主线，逐步建立了多层次的管理法规体系。

（二）发展新型离岸贸易必须防范三类真实性风险

"转口贸易"与"离岸转手买卖"均是基础的离岸贸易。从外汇管理文件及国际收支交易编码来看，2012年8月1日起执行的《货物贸易外汇管理指引》使用的是"转口贸易"，2014年5月1日《涉外收支交易分类与代码（2014版）》生效，将旧版代码的"211011转口贸易收入/支出"以及"211012转口贸易价差收入/支出"，合并修订为"122010离岸转手买卖"，并沿用至今。

随着产业链发展，全球采购、委托境外加工、承包工程境外购买货物等新业态陆续被纳入。从监管视角看，新型离岸贸易的外汇申报还涉及"122990——其他未纳入海关统计的货物贸易""221000——出料加工工缴费支出""224010——境外建设"等，混合了货物贸易、服务贸易，增加了监管难度。因此，贸易背景的真实、合规是满足外汇管理公认的基础性要求，银行要防范三大风险必须以真实性核验为基础：

1. 利用虚假或失效单证构造虚假贸易的风险

使用虚假单据的典型情形包括：依据正本单据模板伪造，保留提单号、船名船次、起运港、目的港、集装箱编号等物流信息，变造实际发货人、收货人及货物信息等其他关键要素，或是向关联企业或者专业造假公司购买或出租单据。使用失效单据的典型情形包括：针对同一批货物，与境外关联企业快速且频繁地进行仓单的背书转让，以此来完成多次通过转口贸易的收付汇。

2.用真单证、真货物来构造虚假贸易的风险

关联交易各方构造转口买卖合同，以真实的货权凭证和真实的货物为交易媒介来非法套取境内外利差汇差。其真实目的为非法跨境转移资金，而不是以真实交易赚取贸易价差。从外汇管理的角度来看，这类构造型转口贸易明显不具有商业合理性，只是借离岸贸易之名，行违规转移资本或非法跨境套利之实，因此应认定为不具有真实的贸易背景。

3.离岸贸易与金融业务联动进行洗钱活动的风险

离岸业务是洗钱与恐怖融资风险的高发区。离岸贸易的上下游交易对手均为境外企业，所用离岸账户中不乏空壳公司与高风险客群，容易被利用作为跨境洗钱活动的渠道。洗钱的常见手法包括：高报或低报货物或服务价格、对同一货物或服务重复开票、虚报货物或服务交易数量、虚报货物或服务的类型或质量等。实践中，一些企业通过伪造贸易合同、发票或海关单据等手法虚构贸易背景，通过信用证、国际汇款等国际结算产品或贸易融资产品骗取银行信贷资金，达到非法跨境转移资金、隐藏资金实际来源与流向的目的。

三、以全球溯源中心真实性核验功能为核心，打造新型离岸贸易"南沙模式"

（一）构建新型离岸贸易"南沙模式"真实性核验标准

1.关于新型离岸贸易"南沙模式"

立足粤港澳大湾区优势，根植于南沙产业链的创新土壤和数字经济的基础设施，以"金融+科技"的标准化工具丰富银行外汇展业手段，进而满足南沙现代产业体系"科技+贸易金融"的内生需求。完善"外汇管理部门指导、制度集成创新部门召集、市场主体与银行共建、全球溯源中心发起自律倡议"的机制创新，打造南沙特色"一标准、一功能，一平台、一倡议"模式（依托全球溯源中心的标准体系，开发"外汇业务真实性核验功能"，建设

"全球离岸贸易服务平台",落实全球自律倡议)。

由数据拥有者决定是否共享、向谁共享,以离岸贸易数据的全链条监控自主权提高贸易全流程可信度,推动外汇真实性管理从表面真实性审核向数据溯源型风险管理转变,对贸易主体采用"一重点、两优先"(即重点支持南沙制造业企业海外经营,优先支持工程承包类央企、优先鼓励实体商贸类企业海外发展),为真实的新型离岸贸易提供全链条便利化服务。

与国内其他地区相比,"南沙模式"具有如下特点。

——使命差异化:"协同港澳、面向世界"的历史使命。

——范式差异化:数字化助力中国企业提高全球资源配置能力。

——理念差异化:企业与银行合作变"审核"为"核验"。

——安全差异化:由确权后的数据拥有者自行决定是否共享数据。

——收益差异化:溯源中心增信服务开拓跨境供应链金融蓝海。

——服务差异化:对贸易主体实行"一重点、两优先"。

——模式差异化:"一标准、一功能,一平台、一倡议"。

2. 关于"真实性核验"

"真实性审核"的表述来源于前述《外汇管理条例》,目前在国内监管机构、商业银行中更常见,侧重于监管的"审查"。未来,伴随着新型离岸贸易等新业态的市场创新、外汇领域高水平改革开放的不断深入,外汇管理将逐步对标国际监管规则,同时逐步强化反洗钱审核,实现跨境资金反洗钱管理和真实性审核的动态统一。这种趋势要求不仅不能无限推高监管成本,还需要转换真实性管理的视角。因此,"南沙模式"提出以"真实性核验"为核心的管理创新,虽然两者只有一字之差,但其更注重落实监管部门要求的"实质大于内容",更强调银行"自主审核",更突出企业主动参与,由确权后的数据拥有者自行决定是否共享。若企业参与共建,核对真假、验讫实质后,各方协同做好业务链条真实性的自证、他证、互证等增信工作。

3. 关于构建"南沙模式"真实性核验标准

标准化主要体现两类特性:一类是管理上更高级的一致性,另一类是服务上可测量的溯源性(Traceability)。荷兰的船舶设计标准、英国的贸易单证标准、美国的资金结算标准等,都是贸易强国建设中重要的基础设施标准化成功经验。

打造"南沙模式"真实性核验标准的思路包括:

——标准任务来源

一方面,新型离岸国际贸易发展迅速、新模式新业态持续创新;另一方面,监管部门鼓励促进外汇展业、服务实体经济。因此,银行外汇业务在深化"政府—自律—市场"三元共治框架建设过程中,催生了一系列对真实贸易背景可追溯的辅助审核标准建设需求。基于此类需求,将制定团标、国标、全球无国界标准等系列文件,以技术标准或管理标准的形式,依托全球溯源中心,对接有关合作方的数字化平台,协助银行、企业共同开展好新型离岸贸易的"真实性、合规性、合理性"核验。

——标准编制原则

本着"实质大于内容"原则发掘行业潜在需求,全球溯源中心立足产业需求,推动国内外企业、银行、政策性保险等机构联合发起新型离岸贸易自律机制(南沙),在国家外汇管理局广东省分局等有关机构的指导下,力争将具体标准转化为与银行、监管机构合作的数字化平台,为共同做好真实性核验工作提供最佳实践案例。

——标准主要内容

真实性核验标准描述了银行、监管部门、贸易商参与真实性核验工作的技术框架,适用于指导基于区块链理念建设的分中心式产业互联网平台在真实性核验方面的构建、应用、实施与维护。可对银行需要的6个维度(客户、生产、贸易、物流、资金、监管)的64类数据进行钩稽分析,辅助银行、监管部门开展核验并按规定安全留存数据。标准主要内容包括真实性核验总则,真实性核验供应方、真实性核验集成方、真实性核验用户、真实性核验生态合作伙伴的输入、输出和主要活动等。

——确定标准主要内容的依据

本标准在规划标准结构时,收集分析了真实性核验的相关监管政策、规划文件和W3C、ISO、IEC、ISO/IEC JTC1、IEEE等标准化组织发布的银行业务审核标准情况，进一步明确了RDFs、OWL等标准对真实性核验标准构建过程中知识表示、数据建模、资料存储等活动的支撑作用。本标准相关的术语和定义、符号和缩略语主要以团体标准T/GNDECPA 2022的《全球溯源体系　服务分类与要求》《全球溯源体系　共建方通则》为参考。

——标准的可拓展性

一是为开展银行外汇业务预留标准化对接方式。参考《中国外汇市场准则》（2021年版）、《中国外汇交易中心系统接入开发机构管理办法》（2022年2月修订）、《银行跨境人民币业务展业规范》（2021版）、《经常项目外汇业务指引》（2020年版）等，提前考虑标准化接口开发信息（如接口资料、接口开发指引、接口开发包等）、标准化技术服务（如远程代码诊断、现场支持、专家咨询等）、接口测试环境接入权限及测试服务等。

二是为服务外汇业务合规与审慎经营评估预留标准化拓展空间。按银行外汇业务合规与审慎经营评估工作对科技管理部分的要求，在总行层面，重点了解交流接口开发及运行情况、是否有效运用科技手段支撑业务合规、是否支持外汇业务服务便利化、外汇业务相关内控管理等；在分支机构层面，重点了解新型离岸贸易真实性核验标准化工作是否有助于完善外汇账户数据申报，辅助解决缺少客户信息、收支结余不平衡等问题。

三是为扩大全球数字经济规则影响力预留标准化拓展空间。可与ITU、CIE、IEEE等有全球影响力的数字化标准研究机构、非营利性专业技术组织合作发布《基于区块链理念的分中心式数字贸易平台真实性核验标准》（拟），可体现数字技术助力贸易转型，为全球更广泛的产业链上下游企业建立互信合作关系，而且进一步地将新型离岸贸易"南沙模式"赋能实体产业的经验通过标准的渠道推向国际。

——标准建设需要注意的问题

一是注意标准建设如何立足南沙当地的产业。新型离岸贸易的发展是一个区域贸易能级的跃迁，需要强大的战略定力，注重"量"与"质"的平衡，其业态目前往往是非标状态，首单创新业务个性化较强，核验标准基础版的打造、外延的拓展应遵循南沙现代产业体系的发展规律和需求，不能简单照搬。

二是注意标准建设如何协同港澳。南沙位于"湾区之心",链接的经济腹地已有一定数量的国内金融账户、港澳金融账户共同持有者,且港澳地区在离岸贸易、离岸贸易金融服务等方面,具有一定的先发优势,要注意标准在建设之初如何吸收港澳经验、建设过程中如何合理引进专业人才,推动形成错位发展、繁荣共生的粤港澳大湾区新型离岸贸易发展新格局。

三是注意标准建设如何面向世界。随着创新链条从"Copy to China(复制到中国)向 Copy from China(从中国复制)"升级,越来越多"Born Global"(天生全球化)的创新主体需要统筹离岸与在岸的"南沙超级服务",越来越多的非居民主体将深度融入南沙的现代产业体系,因此标准建设既要兼顾国内信创管理要求,还要立足有公信力的第三方征信服务定位,讲好商业世界的通用语言。

(二)基于全球溯源中心开发外汇业务真实性核验功能

自2015年6月全球质量溯源体系1.0版在广东上线以来,南沙以"一个平台、三个系统"为技术支撑,采集商品从生产、贸易、流通直至消费者的全生命周期的碎片化质量信息,服务贸易创新。按照《粤港澳大湾区发展规划纲要》的部署,全球溯源体系从1.0版到4.0版的迭代中,坚持"共建共享共用"原则,以最低成本实现商品价值的真实传递,始终立足数字经济公共基础设施的定位,主动探索全球数字治理规则。

在上述"南沙模式"真实性核验标准取得共识后,基于全球溯源体系的规则和全球溯源中心的运营模式,可将有关标准转化为具体的信息化服务平台,率先在全球溯源中心的界面上开发"外汇业务真实性核验平台",设置"一个窗口",后台运行"三个模块",完成"五个环节"核验闭环。

1."一个窗口":新型离岸贸易信息发布窗口

为了适应离岸贸易数字化转型趋势,减少"脚底成本",参考全球"单一窗口"的建设经验,在全球溯源中心设立新型离岸贸易信息汇聚窗口。前台窗口实现三大基础功能:

一是已生效的数字化贸易单证的一次性提交；

二是可关联全球溯源中心原有的贸易、货物、资金信息；

三是登录者自主发布合法、合规的有关新型离岸贸易信息。

2."三个模块"：提供企业贸易真实性画像辅助判断

借助OCR（光学字符识别）、NLP（自然语言处理技术）等技术，将前台窗口的有效信息，按银行核验主体的系统授权和需求，流转至串联的三个模块，完成对信息发布者资信背景、生产经营活动、贸易对手合作情况、委托代理关系、交易对手所在国家（地区）交易环境等的判断，形成完整的信息提供者画像，主要包括以下三个模块。

一是企业设立及行业关联度溯源分析模块。主要评估：①拟开展的新型离岸国际贸易合同与企业生产经营的关联性；②企业是否基于全球溯源中心提供物流清关凭证、税务凭证及其他商业单据用于辅助核验；③企业财务有关人员是否具有本行业内的从业经验等。

二是业务模式及流程溯源风险管理模块。主要依据：①重点支持南沙制造业企业海外经营；②优先支持工程承包类企业；③优先鼓励实体商贸类企业海外布局；④审慎开展贵金属、大宗商品及其他高价值商品的离岸贸易业务等。

三是交易环境及上下游行为溯源分析模块。主要评估：①交易对手所在国家（地区）政治和经济形势是否稳定，反洗钱、反恐怖融资、反逃税等敏感交易风险如何；②关注交易对手关联关系的合理性；③关注企业往来交易对手之间是否具有交易历史；④客户委托的运输公司是否真实存在等。

3."五个环节"：银行外汇业务真实性核验闭环

完成上述三个模块的风险联合研判后，利用全球溯源中心共享的数据及信息，将由智能化模块输出可视化的"真实性雷达图"，形成辅助判断材料，供银行主办人员参考后形成专业意见，决定是否开始对该票新型离岸贸易的真实性实施闭环核验。闭环核验主要包括以下内容。

一是交易闭环核验。评估是否跨行办理，进行国际收支申报时，对同一笔离岸转手买卖通过录入关联的申报信息将相关收支进行钩稽匹配。探索主办银行制度，对于愿意按照闭环管理的优质客户，可以提供有关法规规定的最优便利化政策。

二是单证表面真实性核验。参照跟单信用证审单标准，对合同、运输单据、发票、境外关单等单证进行核验。依托全球溯源中心的数据库，查证运输信息、运输轨迹是否与信息发布方所提供的一致。系统智能化提示重复出现的重要单证号码。

三是单证商业合理性和逻辑性核验。借助图计算、隐私计算等技术，对有关贸易信息实现穿透式判断。关注货物合同及利润的合理性、运输单据信息与所载实物的合理性、企业在整个贸易链条中货权的掌控情况等。

四是对跨境供应链金融服务的核验。支持基于全球溯源中心提交真实合法的金融服务需求，对接符合境外贷款新规的银行和政策性保险机构，创新出口押汇、出口卖方信贷、出口买方信贷、出口信贷保险等融资服务用于新型离岸国际贸易。

五是按外汇管理规定留存资料。支持基于全球溯源中心按五年要求存储数据，开展数据不可篡改、数据"存管算"效率等评价，评价结果可交由监管机构参考。

（三）基于全球溯源中心建设新型离岸交易服务平台

在全球溯源中心开发前述真实性核验功能并稳定试运行后，可推出"南沙模式"的集成创新成果——全球新型离岸交易服务平台。该平台可以是全球溯源中心的二级平台，也可以独立运营，核心竞争力在于平台化渠道、综合化服务和开放化建设，其体系具有"一轴、四梁、八柱"的特点。

"一轴"：始终抓住"外汇业务真实性核验标准化"这一牛鼻子，就能准确引领离岸业务举措的规划，形成战略推动的合力。同时，针对不同类型的新型离岸贸易，可沿主轴从差异化的交易模式中萃取业务标准化的方法，深入挖掘行业价值。

"四梁"：一是基于全球溯源规则体系，推动"政府—自律—市场"一体化联动。二是发挥制度集成创新优势，多渠道整合跨域综合服务。三是坚持数字化转型，建设服务于"小前台"的数据并建设科技双中台。四是建设专业分工的前中后台协同团队，助推新型离岸贸易业务。

"八柱"：航运、贸易、金融、数据、标准、检测、仲裁、港澳专区等八大支柱，主要提供以下信息和服务。

——全球航运信息。由企业提供可溯源或有原始单证的物流信息，逐步将以南沙港、中欧班列南沙起点为核心的海运、空运、铁路货运、大宗商品运输信息等汇聚，在全球溯源中心使航运联合交易信息为贸易发展赋能。

——全球离岸贸易供需撮合。依托南沙产业和市场基础，深入对接"一带一路"沿线国家和地区发展需要，整合珠三角优势产能、国际经贸服务机构等"走出去"资源，加强与专业离岸服务机构合作，完善新型离岸贸易交易撮合机制。

——"走出去"贸易金融服务。推动新型离岸贸易采用人民币结算，开发数字人民币使用场景。以出海企业需求为主，为离岸贸易型业务提供线上国际贸易结算、政策性保险、新型离岸贸易融资支持等一站式金融服务，助力开拓海外市场。

——溯源数据交易与服务。依托全球溯源中心开展数据确权，加强贸易参与方共享数据，鼓励在岸生产与离岸贸易数据对接，以数据流动释放离岸贸易的数据价值，进而聚合全行业全产业生态链。

——中外贸易标准兼容。坚持促进高水平开放，大力推进中外标准互认，构建与国际标准兼容的新型离岸贸易标准体系，以此推动标准制度型开放，保障共建全球溯源体系的企业依法参与标准制定。

——商品检验、检测、认证。技术法规、合格评定程序等技术性贸易因素与新型离岸贸易密切相关，全球溯源中心推动全球检验、检测、认证的认可网络建设，将有助于新型离岸贸易的检验检测互认，直接降低同一笔离岸贸易不同节点衔接时的技术性贸易成本。

——争议仲裁调解。新型离岸贸易发展仍处于初期探索阶段，带来的商业机遇与各类商业风险、法律风险并存，全球溯源中心积累了一定的国际商事仲裁与国际商事调解经验，可重点关注信用证欺诈等类型，为新型离岸贸易营造可信的发展环境。

——粤港澳融合专区。该板块重点协调南沙与港澳的双向联通，提升港澳节点在全球溯源体系中的地位。以内地产业发展需求、数字基础设施优势为港澳国际化人才提供创业机遇，继续推动港澳企业在法律、会计等专业领域享受国民待遇，在贸易金融领域创新服务出海企业方式，在健全完善离岸贸易规则标准、开发葡萄牙语国家离岸业务等方面实现三地联动，帮助港澳通过基于全球溯源中心的互利合作更好地融入国家发展大局。

总的来看，全球溯源中心以战略性新兴产业和未来产业建设方向为指引，打造数据溯源驱动型的新型离岸交易服务平台，通过离岸贸易集聚带动离岸贸易金融服务，完善中国龙头企业对航运、贸易、金融服务的全球要素资源配置，以"溯源+"服务"枢纽+"，推动"四链"融合互促，将吸引跨国公司在南沙集聚并统筹跨境供应链管理，打造链接国内国际双循环的重要枢纽节点。

第四节　全球溯源中心助力碳足迹溯源体系建设研究

（作者：丝路产业与金融国际联盟课题组）

当前，绿色低碳发展成为全球发展趋势，我国积极推动"双碳"战略。准确、全面的碳排放数据是绿色低碳发展战略的必要依据和基础。各国、各地区或相关组织纷纷制定碳排放的相关标准、规则、机制，以求准确、全面、合理、公平地采集、核算、统计、评估碳排放情况。碳足迹可全面、系统地核算商品或服务的全周期、各环节的碳排放数据，成为碳减排的必要基础工具。

一、研究背景

（一）碳足迹追溯是绿色发展的重要基础和全球趋势

2020年9月，我国提出"双碳"目标，力争2030年前实现碳达峰，2060年前实现碳中和。2022年3月，欧盟理事会就碳边境调整机制（CBAM）达成协议，2026年将正式开征"碳关税"。2022年5月17日，欧盟又宣布扩大碳关税范围，并将提前至2025年实施。

低碳绿色发展已成为全球趋势，而准确、全面的碳排放信息是执行低碳绿色发展战略的依据和基础。产品碳足迹包含了一件商品从原材料获取到最终报废的全生命周期各个阶段产生的温室气体排放的所有碳排放数据。越来越多的国家、地区和企业开始开展碳足迹核算，以全面、准确地掌握全区域、全过程的碳排放情况，为合理制定碳减排政策、完善碳减排管理运作机制、构建低碳绿色供应链、推动绿色制造和绿色贸易、强化和鼓励社会与企业绿色责任等低碳绿色发展提供准确的数据和科学的分析。

（二）基于溯源中心开发碳足迹溯源体系的意义

碳足迹的溯源需要发挥全社会的力量，系统化地开展碳排放数据的采集和统计。全球溯源中心采用"共建共享"理念，应用先进的数字技术，具有参与主体覆盖范围广、产品全生命周期信息采集机制完善、采取标准化建设等特点，完美契合碳足迹溯源体系建设需求，对于全面推进我国实现"双碳"目标和绿色国际贸易具有重大意义。

二、全球溯源中心支撑碳足迹溯源的可行性研究

（一）全球溯源中心的理念与定位

1. 全球溯源中心遵循"共建共享"的理念

全球溯源中心遵循"共建共享、真实安全、开放便利"的理念。一是共建共享。通过政府、企业和消费者共同参与，将商品全生命周期中的碎片化信息汇集集合，向关联各方传递全面、有效、科学的商品信息，实现合作共赢。二是真实安全。全球溯源中心通过对商品信息全方位、多维度、多层次的全面采集并有效整合，再对数据进行多维校对验证，以高标准的技术要求确保信息系统数据安全，保障各参与方的权益。三是开放便利。拥有完整的准入和管理规范，对各国政府、企业、消费者一视同仁，全领域、全环节、

多场景、多应用全面开放，便利地服务于各参与方。

2. 全球溯源中心定位为数字经济公共基础设施

相比其他类型的"新型基建"，数字经济公共基础设施的突出特点在于数字化过程中的理论、规则创新，以新一代数字化技术为依托，以共建共享和开放应用为手段，构建全新的数字新生态。首先，全球溯源中心由地方政府主导建设、监管部门共建共用、社会组织共同参与，具有公共性。其次，全球溯源中心以数字化技术为核心，以规则和数据为手段实现互联互通，具有技术性。最后，全球溯源中心的开放应用还使得溯源数据能够应用至各行各业，赋能产业发展。

（二）全球溯源中心开展碳足迹溯源的基础优势分析

1. 全球溯源中心可为碳足迹溯源提供全面真实的碳排放数据

碳足迹溯源往往跨地区、跨行业、跨部门、跨时期，涉及各行各业各个主体，单独由某个企业或个人溯源，难度大、成本高、准确性低，真实性难以保证。全球溯源中心为作为数字经济公共基础设施，采用"共建共享"模式，政府部门、碳排放企业、消费者以及碳认证机构和第三方数据库等碳减排产业链的参与者可通过统一的数据填报和碳核算平台工具对碳核算过程涉及的自身及上游供应商相关基础数据进行收集、填报、核算与储存，从而可以最大化、最低成本地获得最全面的碳排放数据。

2. 全球溯源中心可实现碳足迹溯源的可视、可查、可预测

除了实现基本的碳排放数据查询，溯源中心可以运用人工智能和大数据理论，通过数据画像技术实现碳足迹溯源信息的全面可视化。溯源中心还可以支持企业基于碳足迹核算结果开展目标年份与基准年份碳减排量的比较，并可对减排量的贡献情况进行分析，找出关键影响因子，针对不同的影响因子开展不同的情景分析，基于情景分析的结果开展碳减排潜力预测分析。

3. 全球溯源中心可集成碳认证、碳标签等各类碳减排服务功能

利用全球溯源中心的"N个功能平台"拓展功能，全球溯源中心可以拓展建设碳足迹溯源与数字化管理平台。遵循全球溯源中心"开放便利"的理念和原则，平台可接入更多的第三方碳认证等服务机构，提供便捷的碳认证、碳标签、碳咨询等各类碳管理与服务。

4. 全球溯源中心碳足迹溯源有助于促进全球碳减排标准、规则统一

全球溯源中心"共建共享、全面开放"模式，使得全球碳减排主体可以充分地表达或选择相应的碳减排标准、规则。而我国作为全球最大的碳排放国、最大的碳排放服务市场，借助全球溯源中心，可以推动我国的碳排放标准、规则更加国际化。

5. 全球溯源中心碳足迹溯源有助于绿色低碳供应链产业链的打造

通过全球溯源中心的碳足迹溯源，可以对各项绿色低碳技术、工艺、产品的碳排放进行定量化，从而建立起可比较查询的绿色低碳技术或产品库。通过碳足迹的核算和分析，可发现某产业链碳减排的问题所在。之后，再通过各项技术或工艺的碳排放量化比较，在绿色低碳技术或产品库中，找到最优、最先进的绿色低碳解决方案或技术。

6. 全球溯源中心碳足迹溯源可用于各项绿色政策标准的制定和实施

依托全球溯源中心构建的碳足迹溯源功能，由地方政府主导、监管部门共建，具有强大的公信力，可以为各项绿色低碳发展政策、标准的制定提供决策分析依据，为绿色低碳相关政策的执行提供量化标准。

三、依托全球溯源中心的产品碳足迹溯源体系研究与建议

（一）设立碳足迹溯源与碳管理服务数字化平台

1. 基于产品及供应链的碳足迹评估标准体系与数据库研究

通过选取我国现行的四个标准——上海地方标准《产品碳足迹核算通则》（DB31/T 1071—2017）、广东省节能减排标准化促进会发布的《产品碳足迹 评价技术通则》（T/GDES 20001—2016）、深圳市颁布的《产品碳足迹评价通则》（SZDB/Z 166—2016）和广东省颁布的《产品碳排放评价技术通则》（DB44/T 1941—2016）进行对比，发现现行产品碳足迹技术通则未

能将"沟通与产品类别规则"及其关键性审查以架构的方式与其他的国际标准对接。我国虽在建材、能源、交通、化工等行业和产品上开展了产品种类规则（PCR）建设，但现行的碳足迹产品种类规则团体标准只有9个。

碳足迹数据源自企业生产经营活动，长期以来，碳足迹数据与企业管理活动剥离，企业未能参与到碳足迹及产品环境影响过程的实际活动中，未能体现企业是碳足迹数据的权利主体，对数据的真实性、可用性负责，是数据的价值及收益的主要承受方。另外，考虑到碳足迹评估的准确性和客观性的要求，相对于ISO 14067的粗颗粒度，我们需要开展基于行业和产品的PCR建设，结合供应链可溯源体系进行标准体系建设。

2.碳足迹溯源与碳管理服务数字化平台建设路线

（1）碳足迹溯源与碳管理服务数字化平台比传统工具更高效、经济。

通过对传统碳足迹评估工具，例如用SimaPro、Gabi等软件及市场上常见的数字化碳足迹评估平台（如CDP）等，与本书建议的碳足迹溯源与碳管理服务数字化平台的功能进行比较分析，从标准符合性、全生命周期（LCA）功能特性、企业碳管理以及用户体验四个维度的效果看，结合碳足迹多方合作的一体化数字化平台更符合中国企业实现高效经济地开展产品碳足迹及溯源评估的要求。

（2）碳足迹溯源与碳管理服务数字化平台建设思路。

平台可基于碳排放主要来源行业（如电力、建材、化工、交通等）的典型产品及产业链的特点，建立分行业的产品碳足迹数据溯源与碳管理服务数字化模块，将行业内典型产品各过程的模型与基础数据库（如原辅料、包装材料、运输场景数据等）内嵌到平台后台，行业内的企业通过前端的原始数据（如能耗、物耗、排放等内容）一键即可得到碳排放的结果，企业可横向比较不同年份的产品碳排放情况，获得碳减排结果，也可实施碳减排路径设计、验证等，此外平台通过建立企业外部相关方参与碳足迹计算和结果披露、认证的通道，将企业外部相关方如上游供应商、咨询机构、认证机构、政府部门整合起来，打通产品碳足迹评价的基础数据收集、数据整合与处理、碳足迹结果的核算、碳足迹报告与碳标签的生成、审核、认证、核查等各个环节。

（二）基于全球溯源中心产品碳足迹溯源模块工作开展建议

本着从易到难的思路，建议分三阶段逐步开展。

阶段一：完成全球溯源中心碳足迹评估机构及企业专属碳管理平台的部署。此阶段的目标为与平台重点代表行业龙头企业开展合作落地，实现各行业代表产品的碳足迹标准及规则开发，并针对试点企业产品实施评价和碳足迹声明认证；实施周期为3~6个月。

阶段二：在阶段一工作的基础上总结成功经验，梳理平台碳足迹评估工作程序、流程和相关标准及要求，形成可推广的碳足迹评估模式，在平台全行业和区域全面推广和应用；同时与政府、金融、市场主管部门开展座谈，探讨基于平台开展政策制定、绿色信贷（金融）及绿色产品市场建设等领域应用合作的前景和模式，形成并完善支持和鼓励企业产品碳足迹评估及低碳促进工作的政策、金融及市场环境的体系建设，并邀请国外政府及国际机构参与讨论，形成国际产品碳足迹评估工作联盟和协同机制。

此阶段的目标为鼓励平台企业开展产品碳足迹评估和溯源工作，并公开评估结果（开展声明认证）；同时，支持企业开展碳足迹评估和声明的环境建设，在政策、市场和金融等领域采取积极有效的措施，形成可以推广的国际经验和倡议。建议实施周期为12~24个月。

阶段三：面向全球建立及实施产品碳足迹溯源及评估体系。通过阶段二的平台企业实践以及市场、金融及政策环境的建设，以及试点工作的验证，南沙全球溯源中心可以联合全球主要经济及贸易合作伙伴，共同讨论基于同一程序框架、规则要求以及实施标准的产品碳足迹评估，并在环境建设上求同存异，制定和推广统一的促进低碳产品和经济发展的产业、金融以及市场体系及最佳实践，支持地方及全球经济朝着一体化的绿色低碳经济方向发展。

此阶段的目标是在中国及主要合作国家和地区（如"一带一路"国家和地区等）形成较为统一的产品碳足迹溯源及评估体系，支持全球应对气候变化工作进程。此阶段的实施周期建议用3~5年形成中国的产品碳足迹溯源及评估体系，并在2030年前与全球主要经济体形成产品碳足迹溯源及评估的合作互信。

四、全球溯源中心开展碳足迹溯源功能与业务的政策建议

（一）依托全球溯源中心引导各地共建全球碳排放数据库

建议充分运用全球溯源中心的"共建共享"理念和地方政府主导、开放便利、分级授权等特点，发挥地方政府的引导作用。由各地的大数据部门或相关部门主导，在当地建设全球溯源中心分中心，按统一标准采集当地的碳排放数据，并运用互联网和人工智能、大数据等数字技术，建成全球性的碳排放数据库。

（二）依托碳足迹溯源打造碳足迹溯源与碳管理服务数字化平台

建议依托全球溯源中心的全球碳排放数据库，运用人工智能、大数据、数据画像等技术，依据相应的标准与规则，构建碳足迹溯源体系，可高效、低成本地实现商品或服务的碳足迹可视、可查、可预测。以全球溯源中心系统的全球碳排放数据库和碳足迹溯源功能为核心，开发各类碳管理与服务应用功能，打造碳足迹溯源与碳管理服务数字化平台。

（三）依托碳足迹溯源与碳管理服务数字化平台开展碳标签试点

建议依托南沙全球溯源中心，授权实施我国的商品碳标签试点，前期可提供碳足迹标签、碳减排标签、碳中和标签三类标签的认证，并成为全国碳标签发布、展示、查询等的权威平台，塑造我国碳标签的权威性。提高我国碳减排服务产业中的碳核算标准制定、碳减排认证服务等的全球市场认可度。逐渐培育以我国碳足迹溯源体系为核心的碳减排服务产业链，从而抢占全球碳减排体系的数字新高地。

（四）依托碳足迹溯源与碳管理服务数字化平台发展绿色贸易

碳足迹溯源与碳管理服务数字化平台可以为我国出口商品提供低成本的绿色认证、碳标签，或者提供国外绿色低碳认证技术壁垒解读与应对，使得

我国出口商品具有较好的市场形象和较强的竞争力。建议我国各地海关和国内商务部门积极加入并参与全球溯源中心的碳足迹溯源与碳管理服务数字化平台的建设和应用推广。

（五）依托碳足迹溯源与碳管理服务数字化平台发展绿色金融

当前我国绿色金融主要还是简单地依据绿色产业目录，导致传统产业受到了不公平待遇，低碳转型得不到应有的支持。因此，建议金融监管部门与各类金融机构，积极加入并参与全球溯源中心的碳足迹溯源与碳管理服务数字化平台的建设，积极建设基于碳排放精准化的绿色金融体系。

（六）依托碳足迹溯源与碳管理服务数字化平台完善绿色标准与制度

建议各级环保部门、环保组织、第三方机构等积极加入并参与碳足迹溯源与碳管理服务数字化平台的建设和应用推广。依托平台的数据和功能，制定各类绿色标准、绿色认证和各项环保监测制度。

（七）依托碳足迹溯源与碳管理服务数字化平台构建绿色供应链产业链

建议结合南沙地区龙头企业开展涵盖原料及服务的绿色供应链产业链建设。可选择100家左右积极性高、社会影响大、带动作用强的企业开展试点。建议各地工业和信息化厅或经信委等部门积极加入并参与碳足迹溯源与碳管理服务数字化平台的应用与推广，在制定和执行我国绿色产业链构建或升级政策时，可依据平台数据，设计或优化产业链，并依据精确的碳评价结果给予奖励或惩罚。

五、结束语

全球溯源中心作为数字经济公共基础设施，具有共建共享、开放便利、数字技术等优势，可以全面、系统地溯源、传递商品真实信息。依托全球溯源中心打造我国的碳足迹溯源与碳管理服务数字化平台，可以高效、低成本地构建全球化碳排放数据库，实现碳足迹溯源的可视、可查、可预测。同时通过集成创新，它可以提供监管、认证、咨询、交易、研究等各类碳减排的管理与服务功能。该平台可以助力我国"双碳"战略的实施，加快我国碳减排体系的建设，促进我国绿色低碳供应链产业链的构建，提高我国绿色国际贸易的竞争力，提升我国在全球气候变化与绿色发展体系中的话语权。

第五节　关于对标DEPA，打造南沙"数字身份+溯源认证+金融科技"创新试点的建议

（作者：天津财经大学天津自贸区研究院课题组）

我国继申请加入CPTPP后，2021年11月1日，又正式提出申请加入《数字经济伙伴关系协定》（DEPA），充分表明我国积极参与构建数字时代的国际贸易新规则的决心和信心。DEPA应成为自贸区对接国际经贸新规则的重要突破口。南沙自贸区在立足湾区、协同港澳、面向世界、面向未来的国际合作战略平台的新定位和新要求下，应率先对标DEPA，推动南沙数字经济高水平开放、高质量发展，并在数据治理、数字贸易、争端解决等领域先行先试，提出中国方案，发出中国声音。2020年8月，中国工商银行、银联、云从加入全球溯源体系，打造了首个基于全球溯源体系的标准和规则开放的"溯源+金融"第三方应用，标志着全球溯源体系在金融领域的首次成功探索。在此基础上，建议南沙试点"企业数字身份"认证，在"产品溯源"的基础上实现"企业溯源"，实践基于数字身份与溯源认证的供应链融资服务，打造"数字身份+溯源认证+金融科技"创新试点。

一、DEPA有关数字身份和金融科技的主要内容及典型特征

（一）数字身份

DEPA明确认识数字身份对个人与企业访问服务的便捷性及其对数字经济

发展的重要作用，要求增强个人和企业在数字身份领域的合作并确保服务的安全性。数字身份领域的合作以互认数字身份为目标，以增强区域和全球的连通性为导向，有助于促进不同体系间的互操作性。DEPA要求各成员国致力于加强数字身份政策和法规、技术实施及安全标准方面的专业合作，保障数字身份领域的跨境合作。

数字身份不仅是指在线身份，从技术上讲，数字身份是在特定情况下唯一标识个人、公司和设备为合法的身份，包括但不限于IP地址、登录凭据、数字证书、设备MAC ID等。从本质上讲，数字身份是公钥基础设施的关键组成部分，是涵盖政策、流程和技术的完整的生态系统；它是确保互联网通信安全的框架，并且是确保数字通信安全的基础；它还是组织有效访问控制和访问管理的关键要素。数字身份就是建立信任，没有信任，就不会有安全的在线通信。数字身份的组成部分是属于个人/组织独有的功能或属性。数字身份的价值体现在它必须与特定的个人、设备或组织绑定关联，并且必须是可验证的。

（二）金融科技

DEPA同意促进金融科技领域公司之间的合作，促进针对商业领域的金融科技解决方案的开发，并鼓励缔约方在金融科技领域进行创业人才的合作，通过提出非歧视、透明和促进性的规则，营造金融科技发展的有利环境。此外，DEPA允许在特殊情况下对支付系统进行监管，以应对国际收支危机。

二、全球溯源体系已具备在供应链金融领域探索的基础

（一）现行供应链金融面临的问题

供应链金融的核心是货物流、企业信息流和资金流的"三流合一"。首先，企业生产需要向其上游企业进行采购时，从供应商收到订单到收到付款的过程中，可触发几类融资方式，如订单融资、应收账款保理融资等。当核心企业延长付款期而导致供应商资金短缺时，供应商可以通过这些方式向金

融机构发起借贷申请。其次，企业完成生产向下游企业进行销售时，经销商发出订单后，当经销商融资能力较弱时，可通过保税仓融资、动产融资或仓单融资向金融机构进行贷款。但看似完美的融资链在实施中仍然遇到了很多困难，核心问题仍是供应链金融中的信用和风险问题。因此，中小企业信用基础不达标，融资难；金融机构无法信任中小企业，资金风险高，风控难；政府无法有效识别系统性金融风险，监管难。

（二）南沙已具备"溯源+金融"的探索基础

全球溯源中心是南沙在全国首创的制度创新成果，定位为数字经济公共基础设施，秉持"共建共享、真实安全、开放便利"的基本原则，全球溯源中心依托全球溯源体系规则标准，在提供公共服务的同时，面向政府、企业和消费者实现溯源应用开放，推动"溯源+"全面开放应用。在溯源+金融行业的应用中，2020年8月，依托全球溯源中心，中国工商银行广州分行、中国银联等多家单位联合打造了"溯源+基于多方安全计算溯源认证的跨境结算服务"试点项目，探索了溯源+跨境结算和溯源+跨境电商融资的模式创新，并于2020年入选了央行首批监管沙盒试点。该项目是首个基于全球溯源体系的标准和规则开放的"溯源+金融"第三方应用，标志着全球溯源体系在金融领域首次成功探索。

"溯源+基于多方安全计算溯源认证的跨境结算服务"是在企业的授权下通过溯源数据对跨境贸易结算中贸易背景的真实性（即"货物流"）进行辅助核验，为金融监管机构提供可靠的进出口统计数据作为参考依据。银行系统则享有对企业"资金流"的监管权，因此，辅之以"企业信息流"即可实现供应链金融的"三流合一"。

三、南沙打造"数字身份+溯源认证+金融科技"创新试点的建议

（一）建立企业数字身份信任平台

积极开展控制中心化、存储分布化的国家级数字身份基础设施建设，签

发权威的可信数字身份，提供身份鉴别与生物特征比对等服务，支持跨地域、跨业务、跨层级的身份联合与互认（见图2）。

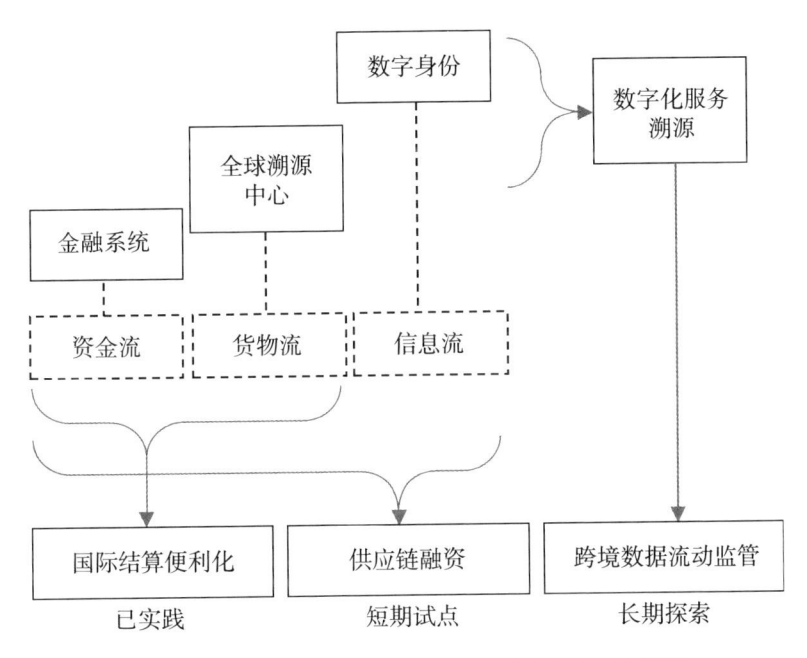

图2 "数字身份+溯源认证+金融科技"创新试点模型

尽快研究提出数字身份管理法或者管理条例，加强数字身份监管，明确数字身份各方责任，统一数字身份保证水平标准，明确数字身份证明、身份验证器、联合身份验证等保证级别规范性要求和操作程序，把推动数字身份互认、加强不同数字身份管理系统互操作性列为法律要求。积累基础数据，汇聚海量多模式、异构身份数据，构建大规模身份信息库，为可信数字身份管理奠定数据基础，同时进行严格的数据分级、分类、分域和授权管理。

以国家签发的可信数字身份符号为根标识，建立"自上而下"的"区块链+"数字身份联盟链，创新标识算法、隐私计算、高并发交易等关键技术，逐步向支撑各类分布式应用发展，构建混合架构的先进数字身份体系。

鼓励区内企业探索建立数据要素编码体系和数字身份信任平台，在加密算法、芯片卡、数据公共平台、电子追踪、互操作性等方面进行创新研究和商业产品开发。借助高校、科研机构等外脑，强化基础理论研究，推进可信数字身份技术配套理论、产品和平台研究，持续提高创新能力。设立数字身份投资基金，引导社会各界积极参与数字身份新技术研究，推动数字身份服务在商业模式和技术上的创新。加强区域之间信任合作，争取发挥南沙在跨区域、跨行业的可信数字身份互联互通中的引领作用。

（二）实践基于数字身份与溯源认证的供应链融资服务，打造"数字身份+溯源认证+金融科技"创新试点

传统供应链融资大多围绕核心企业供应链两端的中小企业，覆盖能力有限，很多中小企业由于不在核心企业的两端，所以无法得到有效融资，并且银行的授信也是只针对核心企业的一级经销商和供应商，二级供应商和经销商则无法获得融资。其痛点在于核心企业信用不能传递，这种信息孤岛的结果导致核心企业与上游供应商的间接贸易信息不能得到证明，而传统的供应链金融系统传递核心企业信用的能力有限。

全球溯源中心已经实现了对"货物流"的全面跟踪，在此基础上，建议试点企业"数字身份"认证，在"货物流"的基础上实现对"企业信息流"的掌握，以"货物流"串联具有"数字身份"企业的信息流，进而打破供应链信息孤岛，实践基于数字身份与溯源认证的供应链融资服务，打造"数字身份+溯源认证+金融科技"创新试点。由具备政府公信力的全球溯源中心推广"数字身份"，在保障企业信息质量的同时，也能有助于保护企业数据隐私，辅之以银行系统对企业"资金流"的监管权，即可实现供应链金融的"三流合一"，进而实践"基于实物资产数字化的采购融资模式""基于核心企业信用的应付账款拆转融模式""基于多而分散的中小微再融资模式""基于历史数据/采购招标的订单融资模式"等供应链融资新模式。

（三）关于"数字化服务溯源"的超前探索

DEPA、RCEP（区域全面经济伙伴关系协定）和CPTPP都强调了"跨境数据自由流动"和"跨境隐私保护"。鉴于全球溯源体系已在13个APEC成员中进行推广，未来跨国数据采集与存储的需求势必呈指数级增长，应提前做

好5G网络、区块链、数据中心等数字基础设施建设。同时，全球溯源中心的应用应由有形商品向无形商品（如数据、数字产品、数字化服务等）延伸，为知识产权保护提供全新的"平台背书"模式——在全球溯源中心经真实性核验和确权的数据、数字产品及数字化服务溯源，为数据要素的市场化配置及数字贸易做好公共基础设施建设，而这一模式的实现依赖于对企业"数字身份"的认定。

同时，RCEP和CPTPP也指出知识产权保护条款不仅可以用于实体产品，而且在数字环境下同样适用。伴随着全球溯源中心由"实体化产品溯源"到"数字化服务溯源"的发展，数字环境下知识产权保护的配套程度是其"溯源价值"得以体现的强力保障，尤其是对于数据、数字产品、数字化服务等的知识产权保护。伴随着数字贸易的发展，可借助全球溯源中心的知识产权保护公共服务平台，建立诉前、诉中、诉后全链条援助的海外（数字）知识产权维权援助机制，探索建立海外知识产权维权援助服务网络和维权专家库，为企业"走出去"提供海外知识产权纠纷应对服务。同时应开展粤港澳大湾区知识产权协同保护，研究建立粤港澳大湾区知识产权案件跨境协作机制、完善粤港澳大湾区知识产权执法信息互通和信息共享机制、引导港澳地区知识产权法律服务机构利用现有资源开展知识产权法律服务等。